Venedig für Müßiggänger

VENEDIG

für Müßiggänger

Fotos
Jan Kobel

Text
Judith Rüber

OREOS VERLAG

... für Müßiggänger
Herausgegeben von Judith Rüber
Band 1

Abbildungen auf dem Umschlag
Vorderseite: Blick auf Santa Maria della Salute vom Ponte dell'Accademia
Rückseite: Il Caffè

Die Deutsche Bibliothek - CIP-Einheitsaufnahme

Venedig für Müßiggänger / Jan Kobel ; Judith Rüber. - Waakirchen
: Oreos, 1998
ISBN 3-923657-52-8

Layout: Judith Rüber, Walter Lachenmann
Umschlaggestaltung: Susanne Rüber
Lithographie: Karl Dörfel, München
Druck und Bindung: Firmengruppe Appl, Wemding
Printed Germany · ISBN 3-923657-52-8

Inhalt

Müßiggang
In Venedig kein verblaßter Mythos 7

Das Wasser
Stadt ohne Straßen 9

Ankunft 9
Actv 13
Canal Grande 17
Gondole traghetto 20
Gondeln 38
Rudern 40
Hochwasser 43
Versorgung 47

Die Sestieri
Facetten der Serenissima 53

Dorsoduro 57
Zattere und Pensione La Calcina 57 · San Sebastiano 58 · Trattoria San Basilio 61 · Pasticceria Colussi 62 · Campo Santa Margherita und Il Caffè 64 · Osteria da Codroma 64 · Peggy Guggenheim Collection 66

Santa Croce und San Polo 66
Campo San Giacomo dell'Oro und Capitan Uncino 66 · Trattoria alla Zucca 67 · Rialtomarkt 68

Cannaregio 91
Canale di Cannaregio und Osteria alla Fontana 91 · Osteria da Bacco 92

Castello 92
Chiesa e Campo dei Santi Giovanni e Paolo und Pasticceria Rosa Salva 92 · Trattoria alle Testiere 93 · Mascareta 93 · La Residenza 94 · Via Garibaldi 95 · Fußballstadion 97

San Marco 97
Die Buchhandlungen 97 · Caffè Florian 98 · Der Campanile von San Marco 100 · Al Volto 100

San Giorgio und Giudecca 101
Campanile von San Giorgio Maggiore 101
L'Altanella 101 · Redentorefest 102

Die Lagune
Vergnügungen am Rande 105

Torcello 106
Mazzorbo und Burano 110

Murano 113
Basilica Santi Maria e Donato 114 · Trattoria Busa alla Torre 114

Glas 117
Barovier & Toso 118 · Marina Barovier 119 · Venini 119 · Vetreria Fratelli Toso 120 · Museo Vetraio 120

Sant'Erasmo 133
Lido 133
San Lazzaro degli Armeni 136

Anhang
Übersichtskarte 138 · Literatur 138 · Allgemeine Adressen 139 · Orientierung 139 · Hotels 139 · Ferienwohnungen 140 · Bars und Cafés 142 · Bàcari, Trattorie und Restaurants 142 · Gondole traghetto 144 · Buchhandlungen 144 · Glas 144 · Gut zu wissen 144

Müßiggang

In Venedig kein verblaßter Mythos

Alitaliaflug Frankfurt–Venezia, irgendwann Mitte Dezember, an Bord sind vor allem Geschäftsleute. In Frankfurt ist das Wetter grau und kalt. Beim Aussteigen in Venedig ist die Luft lau und süß, das Ende eines sonnigen Herbsttages, nur die frühe Dunkelheit verweist auf den nahenden Winter. Im Flughafenbus zieht ein gepflegter Herr einen klein zusammengelegten Hut aus seiner Tasche, faltet ihn langsam und sorgfältig auseinander, fährt liebevoll am Hutband entlang, modelliert genüßlich den Filz und setzt schließlich mit der Handkante eine elegante Kerbe. Sichtlich zufrieden, entspannt aufatmend, sagt er mehr zu sich selbst als erläuternd: »un borsalino«.

Er kehrt zurück in ein Land, aber vor allem in eine Stadt, in der das Leben ruhiger fließt, zurück zu den kleinen Ritualen der Entspannung und Geselligkeit.

Italien ist das Land des alltäglichen, unspektakulären Genusses. Auch im geschäftigen Norditalien muß morgens Zeit sein für einen kräftigen Espresso, einladend sogar die Bars der Autobahnraststätten, der Flug- und Bahnhöfe, der *caffè* immer perfekt zubereitet – Espresso wird ohnehin umso besser je öfter die Maschine läuft. Mittags wird gut gegessen, notfalls muß ein schmackhaftes *tramezzino* oder *panino caldo* genügen. Bars und Cafés laden den ganzen Tag zu einem Aperitif ein, dazu werden Oliven, Minipizzas oder Knabberzeug angeboten. Am frühen Abend wird flaniert, überall bilden sich Grüppchen, die angeregt palavern. Neben aller Hektik immer wieder Momente der Muße. Am Sonntagmittag sitzen Familie und Freunde an langen Tafeln und lassen es sich gutgehen.

In Italien finden sich allerorten Plätze, die vielerlei Sehnsüchte befriedigen. Schöne alte Gemäuer zum Wohnen, großzügig angelegte Plätze mit schönen Cafés, schmale Bars mit Jugendstilverspiegelung und blankgewetzten Holztresen, Gärten im lichten Schatten einer Pergola für ein ausgedehntes Mittagessen, grandiose Landschaften und herrliche Stadtensembles.

Jedoch das Vergnügen hat oftmals einen Haken – zwischen dem erholsamen Mittagessen auf dem Lande und dem Flanieren im historischen Kern der nächsten Stadt liegt der spätnachmittagliche Stau auf den Einfallstraßen, anschließend die Qual der Parkplatzsuche. Wer den Vormittag vertrödelt, dem fehlt für reizvolle Ausflüge am Ende die Zeit. Kurz – zwischen Vergnügen und Vergnügen liegen lange Wege, Industriegebiete und trostlose Vororte, oft bleiben soviel Nerven auf der Strecke, daß der Spaß sich nur schwer einstellt. Im Vorbeifahren entdeckt man schöne Terrassen mit einladenden, alten Metallstühlen unter einem Sonnenschirm, um sogleich enttäuscht feststellen zu müssen, daß der umflutende Verkehr alle Schönheit ruiniert.

Venezianischer
Löwe vor San Nicolò

Anders in Venedig – wann man aufsteht ist egal, alle Ziele, die spektakulären und die verborgenen, sind in einer halben Stunde zu Fuß zu erreichen. Steht vor dem Dogenpalast eine Schlange, so gibt es zwei Schritte weiter genug zu sehen. Ist das Wetter zu schön für Besichtigungen, sucht man sich ein Café an einem Kanalufer oder einem der schönen Plätze und schaut dem venezianischen Treiben zu. Regnet es, so braucht einen das nicht zu stören, Museen, Kirchen, Palazzi und unzählige Geschäfte bieten Kurzweil und Anregung. Schutz, der jedes Wetter vergessen läßt, bieten die gemütlichen *bàcari*, die venezianischen Weinkneipen, in denen es auch wunderbare Kleinigkeiten zu essen gibt. In Venedig versäumt keiner etwas, wenn er stundenlang an einem Ort verweilt oder sich zu einem Nachmittagsschlaf zurück ins Hotel verzieht – anschließend kommt man aus der Haustür und macht dort weiter, wo man aufgehört hat. Paare und Gruppen brauchen ein Minimum an Koordination, wenn jeder seiner Wege gehen will, allenfalls ein eigener Stadtplan für jeden Beteiligten ist sinnvoll, um sich zum Abendessen wiederzufinden.

Venedig ist ein Labyrinth, auch Wege, die man zu kennen glaubt, führen immer wieder in die Irre und zu neuen Entdeckungen. Es ist leicht, heimisch zu werden in dieser Stadt, die Frühstücksbar und ein schönes *bàcaro* sind schnell gefunden. Auch Kenner der Stadt erleben selbst nach Jahren immer wieder hinreißende Überraschungen. Wer gelegentlich das Sechstel, *sestiere*, wechselt, in dem er logiert, wird sehen, daß es in Venedig Lieblingsorte für ein ganzes Leben gibt – die Sehnsucht, hier nicht nur ein paar Tage zu verbringen, sondern richtig zu wohnen, ist nur allzu nachvollziehbar.

Venedig ist Stadt, Venedig ist Wasser, Venedig ist aber auch Landschaft und Natur. Die Lagune eröffnet entspannte Landpartien. Am Ziel erwartet einen das Fischerdorf Burano, die Abgeschiedenheit der Kirchen auf Torcello, unbekannte Inseln, auf denen Wein und Gemüse angebaut wird und deren Landgasthöfe die Sommerfrische der Veneziander sind, oder die Strände des Lido.

Das Wasser

Stadt ohne Straßen

Ankunft

Fabbriche Nuove, bei Rialto

Samstagabend. Der Vaporetto *linea 82* ist fast leer, die letzte größere Menschenmenge wurde an der Piazzale Roma abgesetzt. Danach nimmt das Boot seine Route unter Auto- und Eisenbahnbrücken hindurch, an abgestellten Kähnen und Yachten vorbei, auf die Rückseite Venedigs, nach Tronchetto. Die Gegend wirkt verlassen und unentschlossen – schon wieder Teil des Festlandes oder ein Hinterhof Venedigs?

Auf dem *pontile*, dem Anleger, herrscht reger Betrieb. Tronchetto ist die Parkhausinsel Venedigs. Hier können Touristen ihre Autos unterstellen, doch in erster Linie dient dieses Garagenlabyrinth den Einheimischen.

Die Plattform des Vaporettos füllt sich mit Müttern und ihren vollgepackten Kinderwagen, Pampers, Klopapier, Einkaufstüten, die Kleinen quengelnd dazwischen. Ein Vater mit der Karre voll Getränkekisten und ein anderer mit einem großen Karton, der wohl eine Haushaltsmaschine enthält. Dahinter ein junger Mann mit einer großen Topfpflanze in Begleitung zweier Mädchen, die nur zwei kleine glänzende Papiertüten und einen in aufwendiger Goldfolie verpackten Blumenstrauß zu tragen haben. Daneben eine ältere Frau mit einem schwer bepackten Ziehwägelchen. Sie alle haben auf dem Festland in den großen Einkaufszentren rund um Mestre eingekauft und treten jetzt ihren beschwerlichen Heimweg an. Erst alles ins Boot, raus aus dem Boot, über wer weiß wie viele Treppen, brückauf, brückab – bis nach Hause. Und das täglich, auch wenn die Einkäufe nicht in Mestre erledigt werden, sondern in der Stadt selber. Und erst die Anlieferung einer neuen Waschmaschine! So weit es geht mit dem Lastkahn, dann den Rest der Strecke mit einer großen Karre, die so konstruiert ist, daß sie sich relativ leicht über die Treppen hieven läßt. Alles sehr mühselig und gleichgültig gegen das Alter der Betroffenen. Trotzdem – die Stimmung ist gut, wer nicht allein ist, unterhält sich angeregt und läßt sich die laue Seeluft ums Gesicht wehen, wenn das Boot richtig Fahrt macht in den Canale della Giudecca.

Venedig ist eine unbequeme Stadt, das gilt erst recht für den Fremden, der den besten Weg nicht kennt, der in der Regel kein Wägelchen für sein Gepäck mitführt, und selten so weitsichtig ist, als Hauptgepäckstück ei nen Rucksack zu benutzen. Verloren sind die Reisenden, die die Fremde nur ertragen mit einer Kiste voll Büchern und ihrer eigenen Daunenbettdecke.

Wahrscheinlich ist es selbst für den Venezianer ein so schönes Erlebnis, wieder in seine Stadt zu kommen, daß die Widrigkeiten der Transportfragen seine Stimmung nicht groß beeinträchtigen.

Wichtiger für die Laune ist die Frage, auf welchem Weg man sich Venedig am besten nähert.

Mit einem Mißton beginnt die Annäherung mit dem Auto über den Damm Ponte della Libertà direkt in eines der Parkhäuser an der Piazzale Roma. Mißton in mehrerlei Hinsicht, zu Karneval und im Sommer sind diese häufig überfüllt, die Kosten pro Tag belaufen sich auf ungefähr dreißigtausend Lire. Der Platz ist häßlich, die Dieselabgase der vielen Busse zum Festland verpesten die Luft. Derjenige, der sich von hier zu Fuß in die Stadt begibt, sieht erst einmal nichts Schönes, muß sich den Weg durch Andenkenbuden schlagen. Wer es schon immer gewußt hat, »Venedig?«, der bekommt es hier bestätigt. Selbst der Einstieg von hier mit dem Vaporetto in den Canal Grande ist von eher sprödem Reiz.

Die Ankunft mit dem Zug, sei es von zu Hause weg, sei es erst ab Mestre, wo sich unmittelbar gegenüber vom Bahnhof einige günstigere Parkhäuser befinden und alle fünf bis zehn Minuten ein Zug nach Venedig abgeht, ist bequem und macht Spaß. Der Zug fährt ruckelnd über die Schwellen des Ponte della Ferrovia, der in den vierziger Jahren des letzten Jahrhunderts gebaut wurde. Die steinernen Bögen der Brücke fallen direkt in die Lagune ab. Links eröffnen sich die Ausläufer von Mestre, die in die Arme der Lagune übergehen, Lagerhäuser, Werften, Schrottplätze, ein Ruderclub, einige Kähne. Die ersten *bricole*, mehrere mit Eisenbändern umspannte Pfähle, die zur Fahrrinnenbegrenzung dienen, tauchen auf, dahinter zwei kleinere Salzwiesen, *barene*, die den Charakter der Lagune prägen. Auf der nächsten *bricola* sitzt eine Möwe. Und dann kommt Venedig in Sicht und der ausgeprägte Bootsverkehr im Norden der Stadt. Der Stadtteil, der einen empfängt ist Cannaregio, einer der sechs Bezirke der Stadt, die *sestieri* genannt werden, Sechstel.

Venezia Santa Lucia, ein verlockendes, wohlklingendes Reiseziel. Eine Kirche, deren letztes Gesicht im 16. Jahrhundert durch Andrea Palladio gestaltet wurde, mußte dem Bahnhof Platz machen, daher der Name. Die Haupthalle hat einen einigermaßen urbanen Charakter, viele Züge fahren jedoch auf den rechtsliegenden Gleisen ein, deren mit Oleanderbüschen geschmückte Bahnsteige eine provinzielle Heiterkeit ausstrahlen. Hier herrscht immer, unabhängig von den Fremden, reger Betrieb, Pendler streben in beide Richtungen.

Der Bahnhof selber, ein Flachbau aus den fünfziger Jahren, ist in einer Stadt, in der das

Auf der Giudecca

Im Westen der
Giudecca

Pontile Fondamenta Nuove

Durchschnittsalter fast aller Gebäude mehrere hundert Jahre beträgt, ziemlich auffällig. Doch alles was sich außen herum zeigt, ist so, wie man es sich vorstellt. Der große Vorplatz öffnet sich auf den Canal Grande. Eine Reihe von Vaporettoablegern, Gondeln, gegenüber eine Kirche, San Simion Piccolo, ein kleines Pantheon, ein würdevoller Portikus mit großzügiger Freitreppe, darüber die grünspanige Kuppel. Linker Hand neben dem Bahnhof die Chiesa degli Scalzi. Das zu ihr gehörende Kloster der Karmeliter, *scalzi,* die Barfüsser, ist Namensgeber der dritten, am wenigsten geläufigen Brücke über den Canal Grande, Ponte degli Scalzi.

Dann gibt es noch eine weitere Variante des Ankommens. Dramatisch und unwirklich, jahrhundertelang die alltägliche Ankunft: von der Seeseite. Die Schiffe von Punta Sabbioni, südwestlich von Jesolo, wo man sein Auto auf einem großen Parkplatz stehen lassen kann, und der Linienverkehr vom Flughafen nähern sich der Stadt an ihrer prächtigsten Seite: durch den Canale di San Marco steuern die Schiffe direkt auf die Piazza San Marco und den Kai in deren Osten, Riva degli Schiavoni, dem Ufer der Dalmatiner. Grandios der Blick auf San Giorgio Maggiore und Santa Maria della Salute, zwei der großen Kirchen sowie den Dogenpalast. Hier eröffnet sich eine Weite, die dieser Stadt sonst fremd ist. Der Markusplatz läuft aus in ein großes Becken, in dem Hochseeschiffe und Gondeln kreuzen.

Pontile im Canale della Giudecca

Mit dem Vaporetto durch den Canal Grande

Actv

Der öffentliche Verkehr spielt sich in Venedig ausschließlich auf dem Wasser ab und wird von den Verkehrsbetrieben *Azienda Consorzio Trasporti Veneziano* kurz Actv organisiert. Die Vaporetti, wie die Wasserbusse genannt werden, befahren die größeren Kanäle und stellen den Verkehr zu den Laguneninseln sicher, dort sind teilweise auch Autobusse im Einsatz. Ihr Name, ursprünglich eine Bezeichnung für alle motorgetriebenen Schiffe, kommt von *vapore*, Dampf. Ihr erster Einsatz, Ende des letzten Jahrhunderts, revolutionierte das Stadtbild, das bis dahin von Segel- und Ruderbooten bestimmt war. Die Gondolieri, damals wie heute ein gut organisierter Berufsstand, waren über die neuen Gefährte so erbost, daß sie auf Höhe der Salutekirche den Canal Grande mit Eisenketten unpassierbar machten. Aufhalten konnten sie diese Entwicklung nicht.

Das Dampfschiff hat ausgedient, die heutige Generation wird mit Dieselmotoren betrieben. Für die großen Wasserbusse hat sich der Name *vaporetto* erhalten, die kleinen heißen *motoscafo*, Motorboot.

Die Actv bestimmt das venezianische Stadtbild. Die Vaporetti haben bereits einige Jahrzehnte auf dem Buckel. Ihre Form und ihre Ausstrahlung erinnern an jenes Eis, das seit fast vierzig Jahren als »Happen« angeboten wird, unten eine Waffel, oben eine Waffel, und dazwischen Schokoladen-, Vanille- und Erdbeereis. Es sind eigentlich bullige Boote mit erstaunlich großen Kabinen, die ausgefeilte Längsgliederung verleiht ihnen jedoch Leichtigkeit: aus dem Wasser ragt noch ein Streifen des schwarzen Rumpfes, draufgesetzt der fahlgelbe Aufbau mit einer rotlackierten Banderole, das Rot wird als umlaufende Lackierung der Reling wieder aufgenommen. Leicht wirken die Streben der Schiebegatter am Ausstieg, die horizontale Linie wird durchgehalten bei den einmal geteilten Fenstern und darüber langgestreckt und spielerisch das Dach. Die Boote muten an wie der Tanzpavillon einer Seepromenade, die blank gewienerten Holzschiebetüren und die blauen Resopalsitze verstärken diesen Eindruck.

Der Vaporetto, eine schwimmende Aussichtsplattform

Den Rhythmus der Fahrt bestimmen die Manöver an den Haltestellen, das An- und Ausgehen der Lichter beim Anlegen, das dumpfe Brummen und Schlagen der Dieselmotoren, deren Vibration sich auf die Sitze überträgt.

Es gibt aber noch einen zweiten Grund, warum die Actv so typisch für Venedig ist, daß ein alter, in einer Jackentasche gefundener grüner oder lila Fahrschein sofort ganz Venedig vor dem inneren Auge auferstehen läßt. Die Actv ist die einzige Corporate Identity, die sich im Stadtbild durchsetzt. Banken, Ladenketten, selbst McDonald treten diskret zurück hinter die historischen Fassaden, in denen sie ihre Geschäfte abwickeln. Plakatwände sind auch nicht zugelassen, für kulturelle Ereignisse dürfen Bauzäune und *sottoporteghi*, Durchgänge, plakatiert werden.

Ebenfalls längsgegliedert die Glasfassaden der Wartehäuschen der Anlegerpontons, *pontile*. Markant ausgewiesen der Name der Haltestelle und der Ein- und Ausgang. Unter dem Dach und in der Mitte der grauen Pavillons laufen schwarzeingefaßte gelbe Bänder. Darauf rote oder schwarze dicke Lettern, die Ziffern in großen Kreisen. Die Anzeigetafeln der Linien nehmen einen Teil der Elemente wieder auf. Dieses einheitliche und klare Erscheinungsbild begleitet einen in der ganzen Stadt und hinterläßt einen nachhaltigen Eindruck. Zu verdanken hat Venedig dessen provozierende Einfachheit Giulio Cittato (1936 – 1986), einem der richtungsweisenden Typographen Italiens.

Kennt man Venedig besser, so wird man feststellen, daß die meisten Wege zu Fuß schneller zurückzulegen sind. Das liegt daran, daß zumindest die Strecke des Canal Grande durch dessen S-Biegung keine optimale Verbindung ist. Es liegt aber auch daran, daß das An- und Ablegen des Vaporetto an den dicht gesäten Haltestellen ein verhältnismäßig langwieriges Manöver ist.

Die Actv bietet für Touristen Mehrtagestickets an. Diese lohnen jedoch nur, wenn man tatsächlich jeden Tag mehrfach den Vaporetto nutzt.

Zum ersten Kennenlernen dieser Stadt, und immer wieder als Genußtour, ist eine

Bacino di San Marco mit dem Dogenpalast und dem Campanile von San Marco

Vaporettofahrt ein berauschendes Erlebnis. Vaporetto fahren heißt draußen bleiben auf der Plattform, am Bug oder, etwas geschützter, am Heck, denn so sieht man die Stadt. Das geht drinnen nicht so gut, die Fenster sind zerkratzt und im Winter auch beschlagen. Trotzdem – auch der Fahrgastraum hat seinen Reiz, wenngleich eher für den fortgeschrittenen Venedigreisenden, dem die Sensationen, die eine solche Fahrt bietet, schon fast so zur Gewohnheit geworden sind, wie den Einheimischen, die durch den Canal Grande fahren und die Zeitung lesen.

Hartgesottene sitzen sommers und winters am Bug, in der Brise, in der Gischt, die noch Härteren auch bei Regen, der dann allerdings vom Fahrtwind unter das Dach getrieben wird. Hier muß man sitzen, um dem Steuermann nicht die Sicht zu verstellen. Damit die Nähe zu den Elementen an kalten Tagen nicht zur Tortur gerät, ist warme, wasserdichte Kleidung angeraten und das gute Parkbankklappkissen oder sein moderner Alunachfolger. Dieses sollte nicht geächtet werden, weil man zu dessen spießigen Benutzern allenfalls heimlich gehört, sondern bekennend eingesetzt. Nur so machen auch längere Ausflüge im Nebel, ja gerade im Nebel wirklich Spaß: Gebäude, Brücken und andere Boote tauchen wie Theaterkulissen auf und verschwinden sogleich wieder, um einer neuen Szenerie Platz zu machen. Nicht so klamm, aber noch deutlich kälter ist es an der anderen Sorte Wintertage, den klaren, sonnigen: Venedig strahlt und glitzert, das satte Blau und Rot der Frachtkähne, in den Farben der jeweiligen Familie bemalte *pali*, Pfähle, mit ihren goldenen Abschlüssen, die bunten Planen der Gondeln, ja selbst die pastosen Farben der Häuser und Palazzi leuchten. In der Gischt bricht sich die Sonne.

Nicht nur das Stampfen der Maschinen, auch der Rhythmus des Arbeitstags der Besatzung bestimmt die Vaporettofahrt. Die Linien durch den Canal Grande und Richtung Giudecca haben einen Personalwechsel an der Piazzale Roma. Gemächlich verläßt die Besatzung das Boot, ohne jede Eile kommt die neue Crew. Hier haben die

Canal Grande

Boote bei jeder Fahrt einen herrenlosen Aufenthalt. Ein zweiter Haltepunkt an dem umgestiegen wird, einige Vaporetti auf Anker liegen und ebenso ein Schichtwechsel stattfindet, ist Fondamenta Nuove. Im Norden der Stadt, etwas abweisend, gelegentlich auch sehr windig, gegenüber der Friedhofsinsel San Michele, ist es hier nicht besonders einladend. Doch das trügt, zwischen Blumenläden und Steinmetzen, die den Schmuck für den gegenüberliegenden Friedhof liefern, hat die Vaporettobesatzung ihren Treffpunkt: Al Giubagiò, eine modern gestaltete Bar, ein für venezianische Verhältnisse ungewöhnlich großzügiger Raum, quadratisch mit offenem Dachstuhl. An den unverputzten Backsteinwänden hängen Portraits diverser Stars der Glanzzeiten des Schwarzweißfilms. Es geht lebhaft zu, zum Sitzen ist die Pause der Besatzung zu kurz, aber schnell ein Brötchen mit *porchetta*, gebratenem Spanferkel, der Spezialität der Bar, geht immer.

Canal Grande

Der Canal Grande ist das etwas skoliotische Rückgrat des venezianischen Fisches. Hauptverkehrsader, Prachtstraße und, wegen der spiegelverkehrten S-Krümmung, beständig täuschende Orientierung der Stadt. Die Venezianer nennen ihn liebevoll *canalazzo*, zusammengezogen aus *canal* und *palazzo*.

Nur an wenigen Stellen, um die drei Brücken, vor den wenigen Kirchen, an den Haltestellen der Actv, ist der Canal Grande zu Fuß zugänglich, er erschließt sich vom Wasser. Wobei sich weniger eine Gondelfahrt empfiehlt – hier herrscht reger Verkehr, große Kähne und zum Teil schnelle Boote sind unterwegs – angemessen und durchaus romantisch ist der Vaporetto. Hinzukommt, daß es nicht darum geht, einmal den Kanal passiert zu haben, sondern je nach Tageszeit, nach Jahreszeit, nach Lichteinfall und Wetter, ja sogar je nach Linie, der schnellen *diretto* Linie 82, die nur an wenigen Haltestellen hält oder der gemächlichen zweiten Linie 1, die jede Haltestelle ansteuert, verwandelt sich der Blick. Diese Bummel-Linie heißt absurderweise *accelerato*, beschleunigt. Gerade mit ihr zeigen sich immer wieder neue Facetten, die Stimmung wechselt, mal heiter, dann geschäftig, im Winter und in der Nacht verwunschen und geheimnisvoll.

Die Krümmung des Canal Grande führt dazu, daß seine Strecke immerhin fast vier Kilometer beträgt. Diese acht Kilometer Ufer waren immer die begehrteste Lage der Stadt. Hier stellten die mächtigen und wohlhabenden Familien über Jahrhunderte ihren Wohlstand zur Schau. Das Ergebnis sind knapp dreihundert Häuser und Palazzi, entstanden vom 12. bis 19. Jahrhundert, im Detail deutlich von all den Moden und Baustilen der unterschiedlichen Epochen beeinflußt, im Ganzen jedoch von solcher Einheitlichkeit und Harmonie, daß auch nach vielen Begegnungen immer der Eindruck der Illusion aufkommt.

Einheitlich, ungeachtet der verschiedenen Epochen, in mehrerlei Hinsicht. Da vene-

Zu schnell durch den Rio San Trovaso

Traghetto Santa Sofia, Ca' d'Oro

zianische Herrschaftshäuser nie zum Schutz dienten, das besorgte die Insellage, sind es immer leicht zugängliche, offene Häuser gewesen. Zugleich waren fast alle Palazzi nicht nur Wohnhäuser, sondern auch Lagerhäuser. Der Wohlstand verdankte sich ja weitgehend dem Handel. Alle Fassaden sind zum Wasser gerichtet. Das Erdgeschoß ist mit großen Toren vom Wasser aus zugänglich und war Lager und Kontor. Darüber das *piano nobile*, die Beletage, mit Salon und den Wohnräumen, die zum Teil auch in Zwischengeschossen, den *mezzanine*, untergebracht waren. Das war nicht nur platzsparender, sondern diese niedrigeren Räume ließen sich auch besser heizen.

Vom zweigeschossigen veneto-byzantinischen über den später dreigeschossigen Palazzo der Gotik und der Renaissance sind die Palazzi in der Vertikalen dreigegliedert: ein breiter Mittelteil, der die Fensterfronten und Balkone des Salons betont, flankiert von zwei schmäleren Seitenteilen. Nur den barocken Bauwerken fehlt teilweise diese Dreiteilung.

Der Platzmangel und der Wunsch nach mehr Pracht führte immer wieder dazu, daß die nächste Generation aufstockte; wenn man genauer hinsieht, zeigt sich, daß das letzte Stockwerk häufig aus den Proportionen fallt.

Daß diese Aufbauten und all die anderen Umbauten über die Jahrhunderte nicht die Harmonie stören, liegt daran, daß über die ganze Zeit zwei Baustoffe charakteristisch waren – Ziegel und istrischer Marmor. Es liegt aber auch daran, daß in Venedig altes Baumaterial immer wieder benutzt wurde, da die Beschaffung so aufwendig war.

Der istrische Marmor wurde nicht nur zum Schmuck verwendet, er spielt auch im Aufbau der Fundamente eine tragende Rolle. In das mit Pfählen aus Eiche und Lärche stabilisierte und trockengelegte Gelände wurde Lehm gefüllt, darüber eine doppelte Lärchenbohlenschicht, der *zatterone*, genagelt, auf den dann die erste Schicht Ziegel gesetzt wurde. Dieses unter Wasser liegende Holzfundament ist im Lauf der Zeit versteinert, dringt jedoch Luft daran, vor allem

Traghetto Al Carbon, direkt bei Rialto

durch die Wellenschläge der Motorboote und den seit Jahrzehnten steigenden Tidenhub, fängt das versteinerte Holz an zu faulen. Die so geschaffenen, wasserdurchlässigen, elastischen Fundamente wurden durch eine Schicht istrischen Marmors abgedichtet, dieser läßt die Feuchtigkeit nicht durch. Jetzt erst wurde mit dem Bau des eigentlichen Gebäudes begonnen.

Die Ufer säumen Palazzi, und immer wieder erhascht man einen flüchtigen Einblick in häufig kleine, aber perfekt gestaltete Gärten mit verwitterten Statuen, überwucherten Pergolen, mediterraner Blütenpracht und selbst im Winter üppigem Grün. An den Gärten sieht man, daß noch in relativ vielen Palazzi gewohnt wird. Hier ist ein Boot zum Anstreichen aufgedockt, dort steht ein Liegestuhl, und im Schatten an einem Eisentisch mit wild geschwungenen Füßen sitzt ein Nachfahre des venezianischen Adels und liest Zeitung. Ein paar Gärten weiter kläfft ein kleiner Köter schrill einen Kollegen an, der auf dem Bug eines Frachtschiffs wie eine Galionsfigur steht.

Tagsüber herrscht wilder Verkehr, zwei Actv-Linien, bunte Frachtkähne aller Art, Bauschiffe mit kleinen Kränen, Kühlschiffe mit großen weißen Aufbauten, Schrott- und Gemüsehändler, Müllboote und die kleinen, wendigen »Staubsauger«, die mit einer Art Rechen den Dreck, der auf dem Kanal schwimmt, einsammeln. Dazwischen private Boote und Taxis, edle Boote aus poliertem Holz und, vor allem rund um Rialto und ganz am Ende vor Salute, die Gondeln. Nachts, wenn der Geschäftsverkehr wegfällt, kann hier eine intime Ruhe herrschen. Im Wasser spiegeln sich die wenigen Lichter. Große, beleuchtete Fenster eröffnen den Blick in manchen Palazzo. Während des Anlegemanövers läßt sich die kleine Gruppe der Wartenden genau studieren – die ältere Dame, sehr elegant in ihren Abendschuhen mit den hohen Absätzen, sie muß mit dem Vaporetto fahren, da sie auf dem groben Pflaster der Stadt mit diesen Schuhen nicht weit kommt. Eine junge, aufgekratzte Schönheit und ein attraktiver, selbstsicherer, nicht mehr ganz junger Intellektueller, ein

Professor mit einer seiner Studentinnen? Sie nehmen den Vaporetto, um die Zeit noch ein bißchen auszukosten. Und dann noch die Mutter mit dem schlafenden Kind in der Sportkarre, die gerade zwei Asiaten bestätigt, daß das jetzt die richtige Linie ist.

Gondole traghetto

Beim flüchtigen Betrachten könnte man den Eindruck bekommen, daß die Gondel nur noch für touristische Zwecke eine Rolle spielt. Das stimmt nicht. Gondeln sind fester Bestandteil des venezianischen Lebens – nicht nur, daß auch der Venezianer mit der Gondel zur Hochzeit und, wenn seine Familie traditionsbewußt ist, zur letzten Ruhe gebracht wird – gerade das alltägliche Leben erleichtern die Gondelfahrten mit dem Traghetto, der Gondelfähre. Venedig, die Stadt der tausend Brücken, hat über den Canal Grande nur drei zu bieten: am Bahnhof, Rialto und Accademia. Das würde lange Wege bedeuten, um von den drei Bezirken diesseits des Kanals zu den drei Bezirken auf der anderen Seite zu gelangen. Die Traghetti ersparen einem diese umständlichen Routen, zumindest zu den belebteren Zeiten des Tages. An sieben Stellen des *canalazzo* finden sich, zum Teil versteckt hinter engen Gassen und Durchgängen, die hölzernen Anlegestege der *gondole traghetto*.

Gelbe Schilder mit einer Gondel weisen den Weg. Die Straßenbezeichnung *calle di traghetto* führt häufig in die Irre. Seit den sechziger Jahren hat sich die Zahl der Gondelfähren stetig verringert. Zu den besten Zeiten waren es dreißig Stellen, an denen man übersetzen konnte. Da das Geschäft des Fährmanns gemessen an den Einkünften aus dem Touristenservice zu unattraktiv wurde, mußte die Vereinigung der Gondolieri schließlich per Gesetz dazu gezwungen werden, zumindest an sieben Stellen zu den Stoßzeiten den Dienst aufrecht zu erhalten. Jetzt ist jeder Gondoliere turnusmäßig verpflichtet, den wenig einträglichen Traghettodienst zu leisten.

Kaum ist man dreimal um die Ecke gebogen und einmal falsch in eine blind endende Gasse abgezweigt, eröffnet sich der Blick auf den Canal Grande. Der Zugang des Stegs ist mit Geranien geschmückt, die bunten venezianischen Glasampeln blinken in der Sonne. Am Fuße der Holztreppe erwartet einen eine profane Gondel ohne jeden Innenausbau und üblichen Schmuck.

Der Einstieg ist etwas kippelig, denn es ist nicht ganz leicht, sein Gewicht so auf beide Beine zu verteilen, daß man einen festen Stand findet. Zwei Gondolieri bringen jeweils eine Handvoll Passagiere über den Kanal. Um das Gleichgewicht zu halten, schauen auch die geübten Einheimischen konzentriert auf das andere Ufer, an dem gleichzeitig eine Gondelfähre ablegt. In der Mitte begegnen sich die zwei Boote, ein malerischer Spiegel der eigenen Situation. Gegenüber dem motorisierten Verkehr haben die Gondeln Vorrang.

Der Spaß kostet tausend Lire, bald stellt sich Souveränität beim Ein- und Ausstieg ein – und der venezianische Langmut, während sachte schaukelnd auf das Ablegen gewartet wird.

Rialto-Markt am Abend

Beim Aussteigen aus dem Vaporetto

Im Bauch des Vaporettos

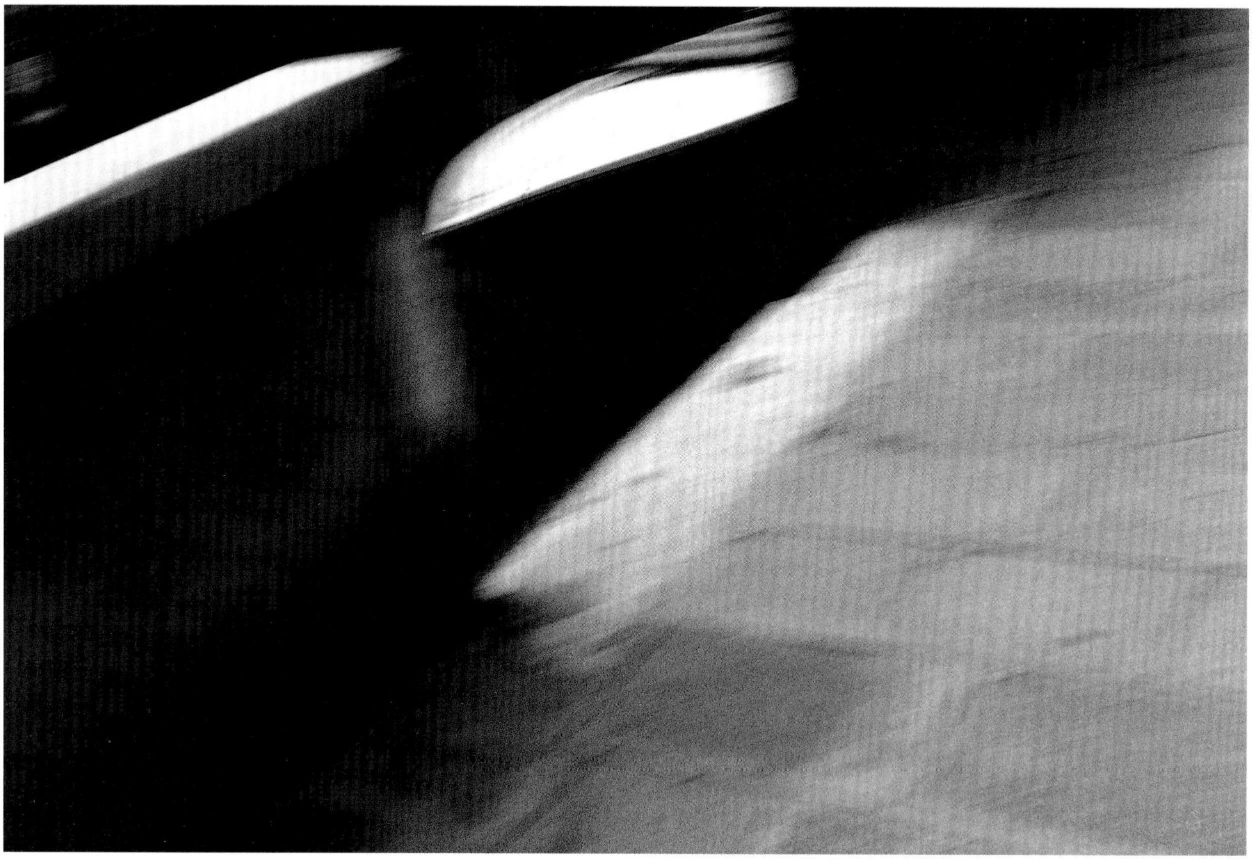

Venezianisches Pflaster

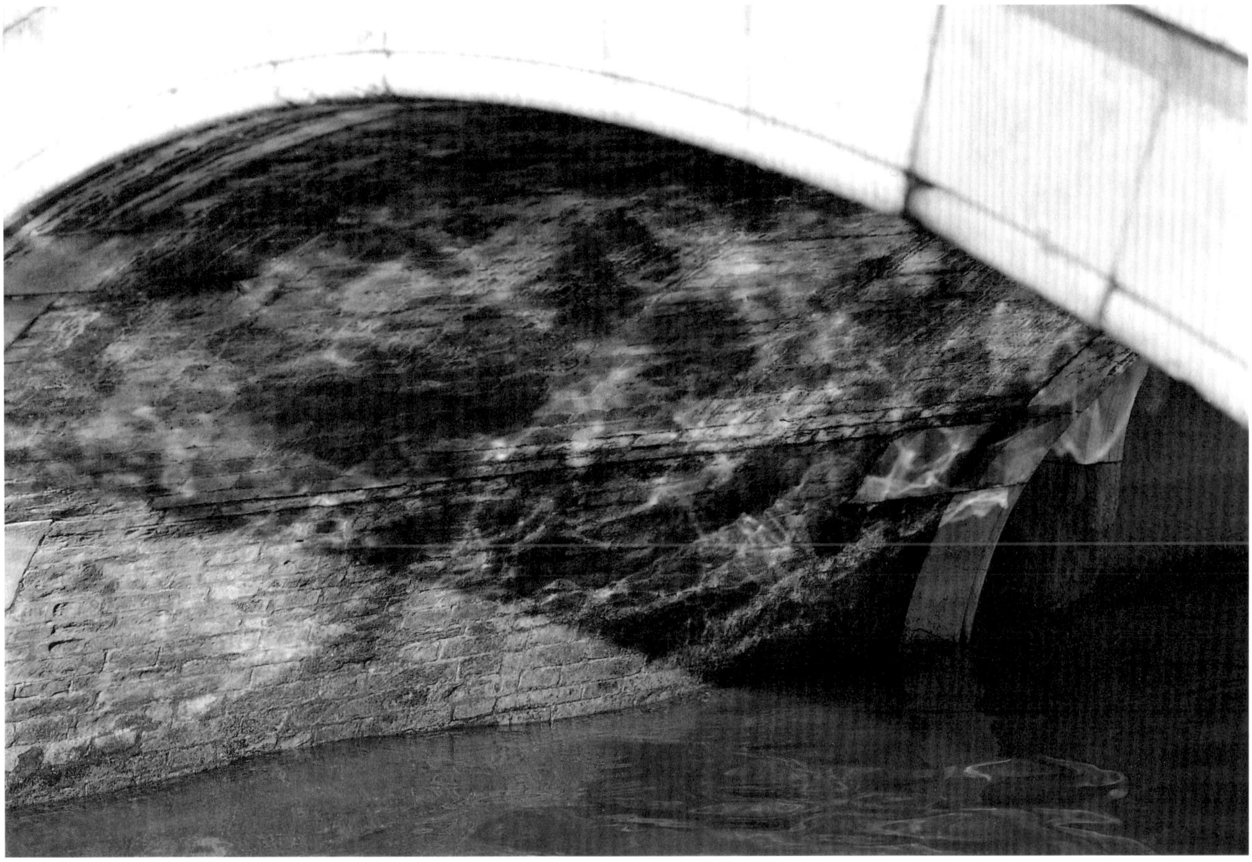

In der Abendsonne

Vor San Samuele im Nebel

Ponte
dell'Accademia

Begegnung im Canal Grande

Auf dem Ponte degli Scalzi

Rialto im Winter

Rialto im Winter

Canal Grande in der Morgendämmerung. Links
Palazzo Balbi, vorne Palazzo Grassi

San Staë

Ferro, der Eisenschmuck am Bug der Gondel

Im *squero*
San Trovaso

Winterliche Gondelfahrt

Traghetti bei Santa Sofia

Spiegelung auf dem
Rio della Toletta

Gondeln

Gleich zu Beginn des Rio San Trovaso, kommt man von Zattere, eröffnet sich links ein Anwesen, daß sich im Ort getäuscht zu haben scheint: ein Tiroler Holzhaus, mit großem Balkon und roten Geranien, vor einem großen Werkstattschuppen ein Arbeitsplatz, Holzreste, Sägespäne. Es ist eine der noch existierenden Gondelwerften, ein *squero*. Handwerker aus dem Cadore, einem Landstrich in den östlichen Dolomiten, woher Venedig viel Holz bezog, brachten ihre Kenntnisse der Holzverarbeitung nach Venedig und wurden Spezialisten für den Gondelbau. Als Zimmerleute bauten sie sich als erstes ein Haus im Stil ihrer Heimat.

Über die Jahrhunderte haben die Venezianer ihre Ruderboote und Rudertechnik immer mehr ausgefeilt. Die schmalen Kanäle und der rege Verkehr erfordern ein Boot, das leicht zu manövrieren ist, schnell reagiert, das sich leicht bremsen läßt und ohne Umstände auch mal rückwärts fährt. Erst im 19. Jahrhundert war dieses Gefährt ausgereift. Asymmetrisch und gekrümmt gebaut, läßt sich die Gondel im Stehen mit nur einem Ruder in der Geraden halten, wobei der Gondoliere nach vorne schaut und so im Getümmel den Überblick behält. Die *forcola*, die Dolle, matt schimmernd aus widerstandsfähigem Nußbaumholz, wird hierbei sozusagen als Gangschaltung genutzt, ihre Auskehlungen und Einbuchtungen definieren Positionen, in denen das Ruder sicher geführt wird, um abzulegen, vorwärts und rückwärts zu rudern, an engen Stellen zu manövrieren und zu stoppen.

Nicht nur die *forcola* vereint Funktionalität mit Kunstfertigkeit und Formschönheit, auch der Schiffsrumpf ist sehr raffiniert gebaut. Verschiedene Holzarten, ausgesucht nach Widerstandsfähigkeit, Spannung und Quellverhalten sind im Einsatz. Tanne macht den Boden fugendicht, die Wände sind aus witterungsbeständiger Eiche, die Querspanten aus elastischer Ulme, Bug und Heck aus Lärche, früher auch aus Lindenholz. Aufbau und Furniere sind aus Mahagoni oder Kirsche. Am Bug der charakteristische Eisenschmuck, der *ferro*. Prunksüchtig wie die Venezianer lebten, war auch die Gondel einst schmucküberladen; Polster, Kissen, Bronzeverzierungen, auch kleine Kabinen, *felze*, dienten der Bequemlichkeit, farbenfrohe Bemalungen der Eitelkeit der Besitzer. Im 16. Jahrhundert wurde im Rahmen öffentlicher Bescheidenheit eine schwarze Lackierung der Gondeln verordnet. Auf den Inseln und bei Wettkämpfen sieht man aber auch immer wieder bunte Gondeln.

In der Gondelwerft San Trovaso

Im Dorsoduro gibt es noch zwei *squeri*, im Castello einen weiteren. Heute sind in Venedig etwa 400 Gondeln im Einsatz. Diese müssen gewartet und nach etwa 30 Jahren ersetzt werden. Eine neue Gondel kostet ungefähr 50 000 Mark.

Die meisten Gondolieri gehören zu einer der angesehenen Familien, deren Mitglieder seit Generationen in diesem Gewerbe ihr Geld verdienen. Schon im 18. Jahrhundert war Venedig eine Touristenhochburg, Adelige und reiche Reisende aus ganz Europa kamen, feierten Karneval, amüsierten sich mit den Kurtisanen, deren Raffinesse und Esprit legendär waren, und frönten dem Glücksspiel. Die Fremden waren für die Gondolieri eine sichere Einnahmequelle. Diese wurden standesgemäß befördert und hatten zugleich den romantischen Rahmen für die programmierte Liebelei. Gondelfahren hat schon lange eine kostspielige, inszenierte Seite, die aber dem Vergnügen nicht schaden muß.

Man sollte eine Fahrt durch die Seitenkanäle vereinbaren, dorthin, wo man mit dem Vaporetto nicht kommt, wo man in Werkstätten, Lagerhäuser und Gärten einen Einblick hat, an großen Portalen vorbei und verwittertem Mauerwerk, unter den zahlreichen Brücken hindurch, an Plätzen und Kirchen entlang. Durch die engen, schattigen Kanäle, wo über steilen Häuserfassaden ein schmaler Streifen blauen Himmels blitzt. Mancher Kanal ist als Einbahnkanal ausgewiesen, andere sind zeitweilig wegen Instandsetzungsarbeiten gesperrt, kabbelig ist die Einfahrt in den Canal Grande.

Vor der Piazzetta di San Marco

Die Gondolieri haben eine Standesorganisation, diese ist Alterskasse und wacht über die Verteilung der Liegeplätze und den turnusmäßigen Traghettodienst.

Es gibt viele kleinere Gondelstandplätze, rund um San Marco und Rialto und an den meisten Traghettostationen. Deren Lage bestimmt dann auch den Radius und die Gegend der Rundfahrt. Der Bacino Orseolo, gleich hinter der Piazza San Marco, in Reichweite aller großen Hotels, ist der kurioseste. In diesem Becken, im Schatten diverser Neubauten und den Rückseiten von Palazzi, parken gut hundert Boote, ein prosaisches Gondeldepot.

Rudern

Die Venezianer sind leidenschaftliche Ruderer. Die Gondel ist eine Bootsausprägung, daneben gibt es vom 18er, dem *desdotona*, dem 6er, *caorlina*, bis zu den verschiedenen Regattabooten für einen oder zwei Ruderer die unterschiedlichsten mehr oder weniger sportlichen Gefährte. Allen gemeinsam ist, daß sie, den Blick nach vorne, im Stehen gerudert werden. Die beiden großen Ruderclubs, RSC Bucintoro und SC Querini, sind wichtige geselligschaftliche Einrichtungen. Sommers trainieren ihre Mitglieder, im Winter werden die Boote gepflegt. Es ist anzunehmen, daß zumindest ein Teil der Mitglieder mit dem Herrichten fast mehr Zeit verbringt, als im Training. Die Teilnahme an den verschiedenen Regatten, einerseits Wettkämpfe, andererseits historische Umzüge zu Schiff, erfordert aufwendige Vorbereitungen der historischen Boote, bis hin zu den Kostümen. Das Wort Regatta hat seinen Ursprung im italienischen *remigata*, Ruderwettbewerb, das im Venezianischen zu *regata* wird. Während der venezianischen Republik wurden solche Wettbewerbe regelmäßig ausgetragen und boten nicht-

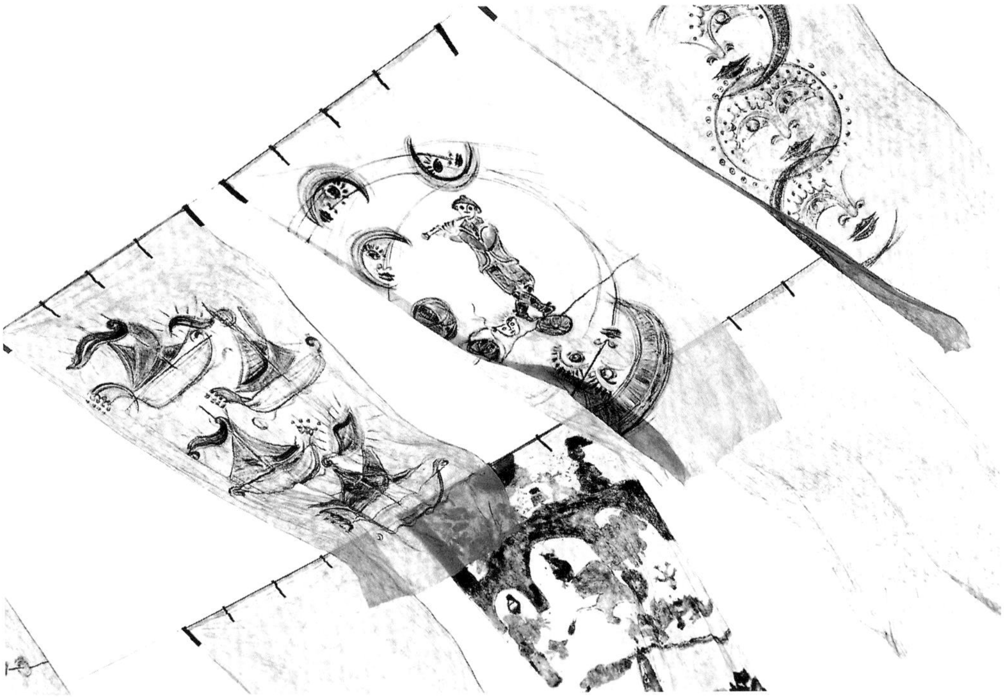

Flatternde Fahnen zur *vogalonga* über dem Canale di Cannaregio

adeligen Männern und sogar Frauen die Möglichkeit, sich auszuzeichnen.

Die Regattasaison beginnt am 6. Januar, dem Dreikönigstag, der in Italien das Fest der Hexen ist. Während am Festland große Hexenfeuer angezündet werden, feiert Venedig mit einer Hexenregatta, *regata delle befane*, bei der die alten Herren der Clubs als Hexen verkleidet im Canal Grande gegeneinander antreten.

Der Sonntag nach Christi Himmelfahrt ist dann der Termin für die *vogalonga*, das lange Rudern, ein Rudermarathon, der inzwischen unter internationaler Beteiligung mit den unterschiedlichsten Ruderboottypen ausgetragen wird. Ausgangs- und Zielpunkt dieser Regatta ist das Becken von San Marco, von dort geht es an den Inseln Sant'Erasmo, San Francesco del Deserto, Burano und Mazzorbo vorbei, und schließlich durch den Canale di Cannaregio und den Canal Grande. Die *vogalonga* ist zum einen ein ernstzunehmendes sportliches Ereignis, sie ist aber auch ein großes Vergnügen für jede Clique und Familie, die ein Ruderboot besitzt. Wer nicht fit genug ist, die ganze Strecke zu rudern, bestreitet die Regatta quasi als Staffel, auf jeder Insel sitzt eine neue Crew und löst die erschöpfte alte Mannschaft ab. Am Ende treffen sich alle und feiern ihr Durchhalten.

Am ersten Sonntag im September findet die *regata storica* statt. Ihr voran geht ein prächtiger Bootskorso durch den Canal Grande, angeführt von einem Bucintoronachbau, der Triumphgaleere der Republik, dem vergoldeten Wahrzeichen der venezianischen Seemacht. Napoleon ließ den letzten *bucintoro* zerstören. Im Museo Storico Navale ist ein prächtiges Modell aus dem 19. Jahrhundert zu sehen. Bei der Regatta folgen dem Prachtschiff Boote aus aller Herren Länder, die den Glanz der alten Seemacht beschwören. Am Nachmittag werden vier Wettbewerbe ausgetragen, darunter auch eine Frauenregatta.

Am dritten Sonntag im September schließlich auf Burano die letzte große Regatta der Saison, gleichzeitig mit einem Fischfest, *sagra del pesce*. Polenta, Fisch und Wein werden in

Filmdokumentation
des Hochwassers
von 1966

Buden feilgeboten, während die Ruderer sich in der Lagune verausgaben.

Bei dem mehr kulinarisch ausgerichteten Fest für den jungen Wein auf Sant'Erasmo, *sagra del mosto*, am ersten Oktobersonntag wird noch einmal eine kleine gemischte Regatta gefahren. Dann erholt man sich bei allerhand Leckereien, dem neuen Wein, bei Musik und Tanz.

Hochwasser

Zum Leben mit dem Wasser gehört in Venedig auch das Hochwasser, das in den Wintermonaten regelmäßig und in den letzten Jahrzehnten immer häufiger und heftiger über die Stadt schwemmt.

Am 4. November 1966 stieg der Wasserspiegel auf 1,94 über Normal. Je nach Niveau der Fundamente, da gibt es in Venedig, sowohl von Sestiere zu Sestiere, als auch zum Teil von Straßenecke zu Straßenecke erhebliche Unterschiede – die Piazza San Marco liegt besonders tief – flutete das Wasser bis zu anderthalb Metern hoch durch die Stadt. Eine Sturmflut drückte die Wassermassen in die Lagune hinein, nachdem die *murazzi*, Deiche, auf Pellestrina diese Gewalt nicht aufhalten konnten. Die Bevölkerung war verstört, die Schäden waren gewaltig, die Venezianer und die Welt sahen Venedig im Meer verschwinden.

Internationale Hilfe und italienische Sondersubventionen wurden zum Teil in aufwendige Restaurierungen und Absicherungen vor erneuten Überflutungen gesteckt. Beispielsweise wurde die besonders gefährdete Krypta der Basilika San Marco mit einer Kunststoff-Betonhülle abgedichtet, Forschungsprojekte wurden ins Leben gerufen, und der Prototyp einer Schleuse namens MOSE wurde errichtet. Viele Gelder sind versickert, offene Fragen auch über dreißig Jahre später nicht entschieden.

Hochwasser sind in Venedig kein Phänomen unserer Zeit, 1339 beispielsweise richtete eine Springflut große Schäden an, die Häufigkeit und das Ausmaß haben jedoch in diesem Jahrhundert deutlich zugenommen.

Filmdokumentation der berstenden *murazzi* auf Pellestrina, 1966

Jahrhunderte lang gehörte es zu den wichtigsten Aufgaben der Republik, die Lagune zu pflegen. Die natürlichen Flußläufe der Brenta, des Sile und des Piave wurden umgeleitet, um eine Versandung der Lagune zu verhindern, in der Stadt wurden die Kanäle regelmäßig ausgebaggert, das alles, damit sich die Flut ausbreiten kann. Das ist vor allem wichtig, wenn die heftige Flut bei Voll- und Neumond vom *scirocco*, dem Südwind, in die Lagune gedrückt wird und die *bora*, aus Nordosten wehend, den Rückfluß verhindert. Zwischenzeitlich sind vor Mestre und Marghera und im Bereich des Flughafens diese Flutungsbereiche zubetoniert, zusätzlich große Gebiete für die Fisch- und Muschelzucht abgetrennt worden. Gleichzeitig sind große, tiefe Fahrrinnen für die Tanker und anderen Schiffe, die die chemopetrische Industrie in Mestre und Marghera beliefern, ausgehoben worden, durch die größere Wassermengen viel schneller einströmen als früher.

Acqua alta

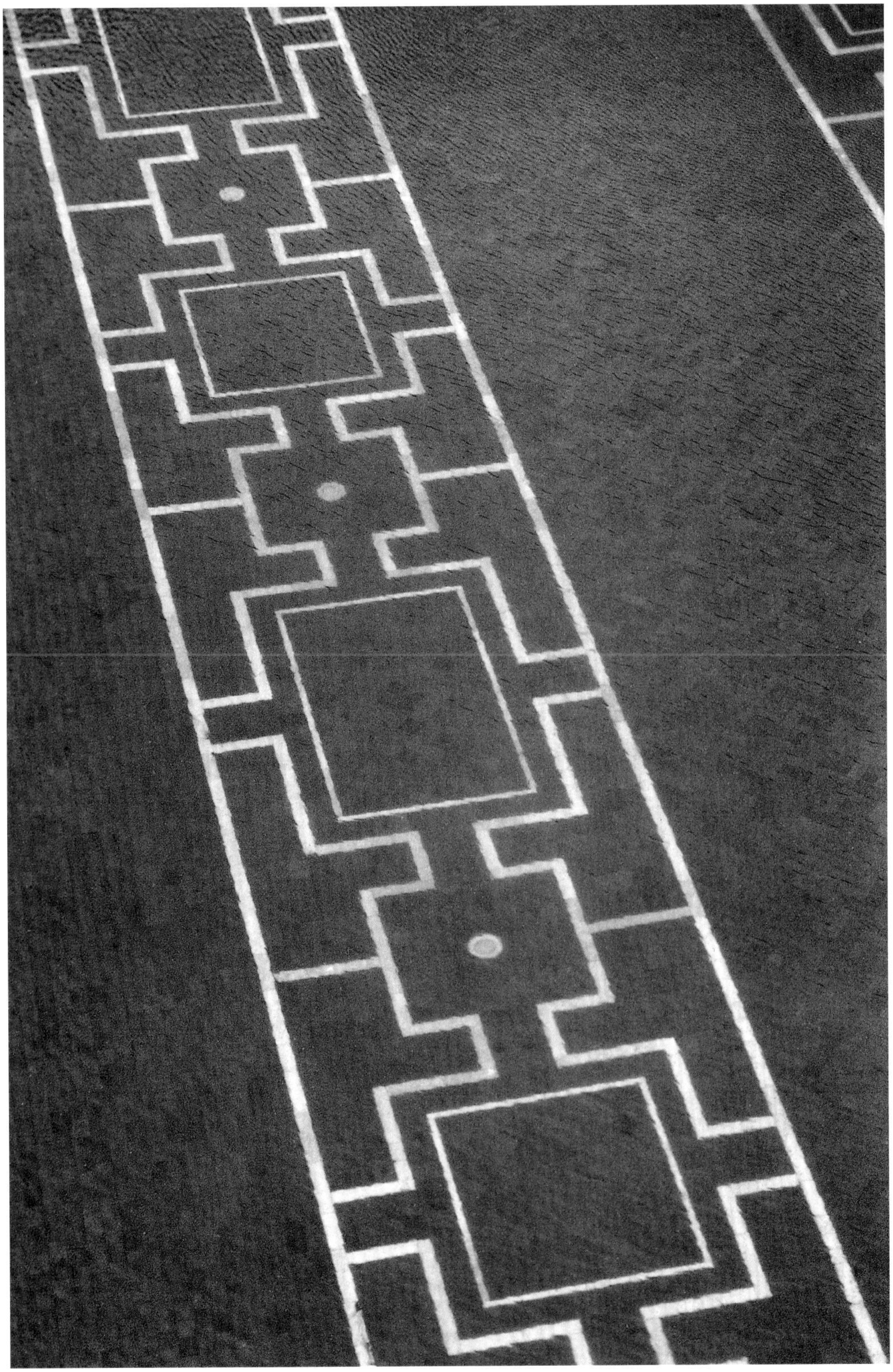

Acqua alta

Auf der Piazzetta

Weiterhin hat die Industrie über Jahrzehnte in großem Stile Grundwasser und Gas aus der Lagune gepumpt, hierdurch sind Hohlräume entstanden, die die Stadt in diesem Jahrhundert 23 cm sinken ließen, deutlich mehr als in den vergangenen Jahrhunderten. Während der Grundwasserentnahme Ende der achtziger Jahre ein Riegel vorgeschoben wurde, wird die Lagune für Hochseeschiffe weiter und immer tiefer ausgebaggert und damit für den Industriestandort Mestre alles Notwendige unternommen, um das Geschäft zu fördern. In Anerkennung dieser Interessenlage genügt es den diversen Forschungsgruppen und mit der Lösung dieses Problems betrauten Organisationen nicht, mit dem Finger auf die Fahrrinnen und die zunehmende Verbetonierung der Lagune zu zeigen. Zusätzlich verweisen sie auf Systeme von globalen und lokalen Wechselwirkungen des Klimas und anderer Fakten, die bislang keinen praktischen Schluß zulassen.

Zum Ausgleich, damit der Handlungsbedarf einen Namen hat, wird seit dreißig Jahren immer erbitterter über ein Projekt gestritten, das Science-Fiction-Qualität hat. Die Schleuse MOSE, ein zwischenzeitlich auch schon wieder in die Jahre gekommener Prototyp, ist am Porto di Lido zu sehen.

Jahrhunderte lang wurden die vorgelagerten Sandinseln, *litorali*, mit Deichen vor den Fluten abgesichert. Ende des 18. Jahrhunderts waren die *murazzi,* die Deiche auf Pellestrina, ein gigantisches Bauprojekt, fast zweihundert Jahre hielt die Anlage aus istrischem Granit den Fluten stand, 1966 wurde sie zum Teil überspült, stellenweise barst sie. Die Schäden sind längst ausgebessert und die Deiche erfüllen seitdem weitgehend ihren Zweck. MOSE sieht nun vor, auch die drei Pforten der *litorali*, Porto di Lido, Porto di Malamocco, Porto di Chioggia, durch achtzig Schleusen abzuschirmen. Diese sollen sich bei Hochwasser aufrichten und das Eindringen des Wassers verhindern, ansonsten flach am Meeresboden liegen, damit die Gezeiten in die Lagune eindringen können und die Selbstreinigung der verschmutzten Lagune nicht beeinträchtigt wird. Bei diesem Projekt ist alles offen: Machbarkeit, Wirkung, Finanzierung, über jeden Punkt wird gestritten. Internationale Zusagen wurden zurückgenommen, wechselnde Koalitionen im venezianischen Rathaus blockieren das Projekt. Im Winter, nach jedem Hochwasser, polarisieren sich die Positionen, um sich alsbald wieder zu beruhigen.

Der ganz normale Venezianer läßt sich vom Hochwasser, selbst wenn es ihn unmittelbar trifft, nicht aus der Ruhe bringen. Hotelbesitzer in gefährdeten Bereichen legen ihre Entrées mit Teppichen aus, die sie erst, dann allerdings ein wenig hektisch, einrollen, wenn das Wasser bereits über ihre Schwelle schwappt. Auch in Läden und Magazinen lagert immer wieder Ware im gefährdeten Bereich. Die Immobilienspekulation hat aus Nutzräumen im Erdgeschoß längst Wohnungen gemacht, aber keineswegs jede dieser Wohnungen ist mit einer Hochwassersperre an den Eingangstüren versehen, wie man sie bisweilen sieht.

Das Hochwasser überrascht selten, *aqua alta* wird durch Sirenen angekündigt, dennoch scheint es eher Geschmackssache zu sein, sich an solchen Tagen seine Gummistiefel anzuziehen. Viele Passanten gerade in den höhergelegenen Gegenden, die trockenen Fußes aus der Haustür kamen, sind mit normalem Schuhwerk unterwegs, ältere Männer, die aus einer Karre und zwei Getränkekisten einen Hochsitz gebaut haben, richten einen Fährdienst ein, um elegante Damen im Kostüm und Lackpumps und gediegene Herren im Anzug und gewienerten Lederschuhen durch die immer wieder auftretenden Fluten zu bringen. Der Stolz der Fährmänner verbietet ein Trinkgeld. Wasser drückt überall durch die Kanalisation in Gassen und Plätze. Die Actv

stellt Stege auf, um einen trockenen Zugang zum Pontile zu ermöglichen, zehn Schritte weiter, dann die nächste Pfütze. Im Winter sind die Hochwasser so häufig, daß das Mitführen von Gummistiefeln für Touristen keine übertriebene Vorsichtsmaßnahme ist. Da die Bevölkerung so gelassen bis unbeeindruckt ist, keine Katastrophenstimmung herrscht, ist es ein durchaus aufregendes Erlebnis durch das überschwemmte Venedig zu laufen.

Versorgung

Es sind nicht die Gondeln, die das Bild der Kanäle bestimmen, sondern die Lastschiffe. Häufig rot, blau oder rot-blau, vor Blessuren geschützt mit einem Ring alter Autoreifen um den Bauch, jedes ein Individuum, Susanna, Stefano, Claudio. Breit und flach liegen sie im Wasser. Es gibt kleinere, ohne Aus- und Aufbauten, in die Kisten gestapelt werden, in denen auch mal ein Schrank oder ein Sofa Platz findet. Andere sind groß, ausgebaut zu Kühlhäusern, um die Kältekette auch zu Wasser nicht zu unterbrechen. Es gibt Kähne, die ausschließlich Bauschutt transportieren, diese und auch andere haben einen kleinen Kranaufbau zum Entladen. Das meiste allerdings wird mit Schwung an das Ufer geworfen und dort, als wöge es nichts, aus den Knien federnd, wieder aufgefangen. Alles wird offen transportiert. Das ist malerisch, wenn es sich um Obst und Gemüse handelt, das hat etwas Indiskretes bei persönlichen Transporten, Umzügen. Bei Handwerkern und Lieferanten ist auf den ersten Blick zu sehen, ob sie sorgsam mit ihren Sachen umgehen, oder ihr Material kreuz und quer ins Boot gehauen ist. Notwendig zu jeder Bootsausrüstung gehören die Karren, große und kleine, für den restlichen Weg der Anlieferung.

Das *telefonino* läßt auf Rettung hoffen

Der Steuermann ist häufig in Gesellschaft eines Kollegen, der ihm beim Be- und Entladen hilft. Hinten am Heck hält er lässig die Ruderstange. Es herrscht viel Verkehr, es ist eng, doch Körperhaltung und Gestus sind eher gelangweilt als angespannt, kommt ein anderes Boot quer, wird kurz und heftig geschimpft. Quatschend und rauchend, ab und zu ein paar Rufe zu vorbeifahrenden Bekannten, drehen die Schiffer ihre Runden. Auf dem Bug steht häufig einer der für Venedig so typischen kleinen Köter und kläfft, irgendwann schlafen sie dann in der Mittagshitze erschöpft ein. Ihre Herren haben gegen Regen und Sonne zum Teil abenteuerliche Schutzvorkehrungen ersonnen, doch diese nehmen in den engen Kanälen die notwendige Sicht und erschweren das Zurufen beim Manövrieren, schließlich stehen die meisten von ihnen bei jedem Wetter im Freien, die Sonne brennt ihnen auf den Kopf und der Regen peitscht ihnen ins Gesicht.

Der Hauptverkehr nimmt seinen Ausgang nicht auf dem Festland, sondern bei den Gütergleisen hinter dem Bahnhof und gegenüber in Santa Marta. Fährt man mit der *linea 82* von Piazzale Roma Richtung Tronchetto, kommt man an langen Uferstücken vorbei, an denen die Lastschiffe geparkt werden.

Lastkähne in allen Größen und zu jedem Zweck lassen sich auch stunden-oder tageweise mieten, wie anderswo Lastwägen.

Südöstlich der Stadt sind die großen Strommasten der Überwasserleitung zu sehen, die von Fusina nach Venedig fuhrt. Die restliche Energieversorgung wird überwiegend mit Erdgas betrieben, das auch vom Festland herübergeleitet wird. Die Stromleitungen in der Stadt sind häufig ziemlich wild, mehr lose geschlungen und mehrfach angezapft über Putz gelegt. Für Erdgas, Wasser und zunehmend auch für die Kabel der Telecom wird und wurde Venedig, trotz seines nassen, intensiv zu sichernden Untergrunds, genau wie jede andere Stadt mit einem lückenlosen Versorgungsnetz durchzogen.

Müllabtransport bei Rialto

Früher hatte Venedig eine ausgefeilte Wasserversorgung aus Zisternen, jenen vielen Brunnen, die immer noch im ganzen Stadtgebiet zu finden, aber nicht mehr im Gebrauch sind und zum Schutze vor Unfällen abgedeckt wurden. Venedig hatte bereits im Mittelalter durchgesetzte Hygieneverordnungen, wie sie andernorts zum Teil erst mit Ende des 19. Jahrhunderts üblich wurden. Diese Brunnen beispielsweise waren so konstruiert, daß das Regenwasser durch mehrere, sandgefüllte Kammern gefiltert wurde, bevor es sich in ihrem Boden sammelte.

Auch dem Abwasser wurde man jahrhundertelang Herr. Zum einen gab es Verordnungen, daß bestimmte, wasserverunreinigende Berufsstände gar nicht oder nur in gut gefluteten Bereichen ansiedeln durften. Zum anderen wurden die Känale, in die damals wie heute die Abwässer direkt eingeleitet wurden, regelmäßig ausgebaggert. Der feste Teil der Abwässer setzt sich am Boden ab und wird dort unter der Einwirkung des flutenden Meerwassers aerob zersetzt. Der dabei anfallende Klärschlamm muß regelmäßig entfernt werden, um ein Verlanden der Kanäle zu verhindern. Über Jahrhunderte war das in Venedig eine Selbstverständliche Aufgabe der öffentlichen Hand. Anfang dieses Jahrhunderts jedoch begann man, es bleiben zu lassen, in den dreißiger Jahren kamen die Behörden des faschistischen Italiens auf die Idee, den Schlamm teilweise einzubetonieren. Daß das nicht geht, wurde schnell über den Gestank klar. Erst Mitte der achtziger Jahre wurde das Ausbaggern wieder aufgenommen. Gleichzeitig

Susanna

Morgendliches Ausladen

wurde begonnen, Hotels, Restaurants und öffentlichen Gebäuden eine Imhoff-Grube zur Auflage zu machen, auch hier wird die natürliche Zersetzung genutzt, der so entstehende Schlamm wird dann von Klärbooten abgeholt. Seit einiger Zeit müssen auch bei privaten Umbauten solche Auflagen erfüllt werden. Trotzdem – das meiste fließt nach wie vor direkt in die Kanäle.

Den anfallenden Müll loszuwerden, ist in einer Stadt, in der alles gekarrt, getragen und dann mit dem Schiff transportiert werden muß, auch aufwendig. Die Müllboote sind relativ klein, damit sie auch in enge Kanäle hineinfahren können. Ihre Besatzung muß als erstes die Abfälle in dem Gebiet, das ihnen hinter dem Kanal zugeteilt ist, mit Karren einsammeln gehen, dann werden die Säcke und Kartons und der ganze andere Krempel Stück für Stück mit der Hand auf das Boot geladen. Nur dort, wo kommerziell viel Müll anfällt, am Rialtomarkt, den großen Hotels, wird dieser in Containern gesammelt und diese dann mit Kränen auf die Boote gehievt.

Auf einer der trostlosen Inseln hinter Sacca Fisola, dem Neubauviertel am Ende der Giudecca, steht die Ruine einer Müllverbrennungsanlage, sie hat nicht funktioniert, zuviel Dioxin ausgestoßen. Jetzt wird ein Teil des Mülls einfach um sie herum und auf der Nachbarinsel abgeladen, der größte Teil wird auf das Festland verladen und dort auf Deponien gebracht oder verbrannt. Vorher wird wieder jeder Sack in die Hand genommen.

Zur Frage der Versorgung gehört auch der Krankentransport, ebenfalls ein umständliches Kapitel. Die Krankenboote sind schnelle, schmale Rennboote, die in alle Kanäle hinein können. Es liegen aber die wenigsten Häuser heute noch an einem Kanal, und so muß der Kranke auf einer Bahre geholt werden, häufig ein weiter Weg. Da obendrein die Treppenhäuser in Venedig extrem eng sind, kann ein Kranker nicht liegend aus den oberen Stockwerken geholt werden, weswegen schmale und kurze Sitze, primitive Sänften, zum Einsatz kommen.

Die Feuerwehr ist nicht minder gehandicapt. Wasser ist zwar da, aber der Transport von Rettungsleitern und anderem Gerät, die Sicherung der Brandstelle oder im Überschwemmungsfall das Bereitstellen von Pumpen, all das ist schwierig oder unmöglich.

Venedig hat eine andere Infrastruktur als eine Stadt auf dem Festland. Supermärkte, auch wenn sie so heißen, verdienen nur bedingt diesen Namen, es gibt zwei Warenhäuser, die eher klein und verwinkelt sind. Und doch – es gibt letztlich alles in dieser Stadt. Nicht jedes Möbelgeschäft hat die größte Auswahl, doch vielfältige Sortimente

Riva degli Schiavoni

Werbeaufnahmen am Rio di San Barnaba, Fondamenta Alberti

befriedigen unterschiedlichste Ansprüche. In verwinkelten Gassen, zum Kanal hin, verbergen sich gut sortierte Baustoffhandlungen. Zwischen einem Gemüsegeschäft und einem Friseur bietet ein winziger Laden Waschmaschinen und Herde an, um die Ecke gibt es komplette Bäder. Das einzige, was in dieser Stadt wirklich Mangelware ist, sind Blumen und Topfpflanzen. Das Angebot der wenigen Läden macht wenig Spaß. Wenn man lange genug sucht, besser fragt oder in die gelben Seiten des Telefonbuchs sieht, den *pagine gialle*, findet man alles.

Sogar ein ordentliches öffentliches Hallenbad gibt es, was diverse Reiseführer abstreiten oder zumindest nicht erwähnen. Dieses ist allerdings auch an einer Stelle, an die man sich so schnell nicht verirrt, hinter Sacca Fisola, auf Sacca San Biagio.

Eine Spezies, der der Aufwand, den sie treiben muß, ohnehin egal ist, sind die Filmleute. Sie lassen alles anschleppen, was sie zur Realisierung der Imagination brauchen. Die Kulisse ist einmalig, und Geld spielt häufig eine untergeordnete Rolle.

In Venedig werden jedes Jahr eine Handvoll Kinofilme gedreht und unzählbare Werbefilme. Zu allen Jahreszeiten reisen sie an, große internationale Teams, Regisseure und Assistenten, Kameraleute und Beleuchter mit einem Schiff voll Equipment. Sie bringen Schauspieler, Statisten und Ausstatter mit. Als erstes verkabeln sie ganze Plätze, schönen und ergänzen die Kulisse, denn selbst Venedig ist nicht das, als was es scheinen soll, und nehmen das nächste Café in Beschlag. Erst verbreiten sie Hektik, nichts klappt, Schauspieler kapieren nicht, worum es geht, special effects klemmen, das Licht ändert sich laufend. Doch am Ende sitzen auch sie alle da, mit einem Spritz und einem Tramezzino in der Hand, und genießen die letzten Strahlen der Nachmittagssonne.

Die Sestieri

Facetten der Serenissima

Der Dogenpalast bei Nacht

Sereno heißt heiter, hat aber auch die Bedeutung ruhig. Beides charakterisiert Venedig mehr als all die Attribute, die diese Stadt nicht verdient hat, mit denen sie aber häufig belegt wird. Manchmal scheint es, daß jeder, der sich mit Venedig befaßt, diesen Ort zum Anlaß nimmt, seinen eigenen trüben Zustand zu reflektieren oder, wenn er kein Melancholiker ist, zumindest den Untergang des Abendlandes zu beschwören. Das hat eine lange Tradition bei Dichtern und Denkern, bei Essayisten und Reisejournalisten – und auch der schlichte Tourist will sich nicht nachsagen lassen, daß er den Schauer der Vergänglichkeit nicht gespürt habe.

Da ist die Rede vom letzten Venezianer, von der Zerstörung durch den Tourismus, der Bedrohung durch die Verschmutzung der Lagune. Es stimmt: immer mehr Venezianer verlassen die Stadt, um sich am Festland anzusiedeln, sei es, weil die Mieten billiger sind, sei es, daß sie näher zur Arbeit haben. Es ist auch wahr, daß in Venedig auf der einen Seite arme, häufig alte Leute in schlecht ausgestatteten Wohnungen leben, auf der anderen Seite die Immobilienspekulation blüht. Es ist eher zynisch, wenn die Krebskranken im Umfeld der petrochemischen Industrie auf dem venezianischen Festland wenig interessieren, angesichts der Bedrohung dieses Kulturdenkmals. Natürlich geht die industrielle Verheerung der Küsten und Meere nicht an Venedig vorbei, und auch die zerstörenden Wirkungen des Tourismus lassen Venedig nicht ungeschoren. Das sind, wie überall auf der Welt, die normalen Wirkungen des Geschäfts: Entvölkerung der historischen Stadtkerne, Entstehung von Trabantenstädten, arme Rentner und Immobilienspekulation, Zerstörung der Natur durch die Industrie und Zurichtung ganzer Regionen für den Tourismus. Das Geschäft will niemand ernsthaft beeinträchtigen, das Gejammer im Zusammmenhang mit Venedig ist in der Regel eitel.

Wenn man sich der Klage nicht anschließen will, ist in Venedig auffällig und angenehm, daß bis hier nicht jede Normalität des 20. Jahrhunderts vorgedrungen ist. Die unzugängliche Lage und Anlage hat dem Fortschritt Einhalt geboten. Von welcher Stadt kann man sagen, daß in ihrem historischen Kern überwiegend gewohnt wird? Es leben hier noch 70 000 Menschen und das ist zu spüren. Da gibt es in jedem Sestiere, den Sechsteln, wie die Stadtteile Venedigs ge-

Rio San Trovaso

nannt werden, täglich einen Markt. Es mögen weniger werden, aber Bäcker, Metzger und kleine Lebensmittelgeschäfte bieten an jeder Straßenecke ihr verführerisches Sortiment an, der Supermarkt ist die Ausnahme. Es gibt nicht viele Städte, die eine solche Dichte an Bars, Kneipen und Restaurants aufweisen – sicher leben viele ausschließlich vom Tourismus, die meisten jedoch dienen dem Vergnügen der Einheimischen und können sich in dieser Vielfalt halten, weil sie auch von Fremden besucht werden. Auf den Plätzen spielen Kinder, nicht anders als überall in Italien, und es gibt eine große Universität. Trotzdem hält sich hartnäckig das Gerücht, alle Jungen würden die Stadt verlassen.

Der Tourismus bestimmt am Trampelpfad Ferrovia – Rialto – San Marco das Bild, doch selbst das täuscht zum Teil, sieht man einmal genauer hin. Gleich zu Beginn ein Obst- und Gemüsemarkt. Etwas weiter nördlich beginnt die breite und geschäftige *Strada Nuova*, die Einkaufsmeile der Venezianer. Hier gibt es Wäsche, Schrauben, Haushaltsgeräte und viele gute *pasticcerie*, Konditoreien, in denen die Venezianerin ihre Einkäufe unterbricht, um heiße *cioccolata* zu trinken. Am *Campo San Bartolomeo*, also am Fuß der Rialtobrücke, treffen sich täglich mit Anbruch der Dunkelheit die Halbwüchsigen. Wie sehr jedoch sogar der Trampelpfad in Händen der Venezianer und der Bewohner des umliegenden Veneto ist, merkt man an jenen späten November- und Dezembersamstagen, an denen hier absolut kein Durchkommen ist, sich Mensch an Mensch drängt – jedoch fast kein Tourist.

Es gibt Zeiten, Karneval und Sylvester, da ist die Stadt fest in Händen der Fremden. Ende April und im Mai kommen die Schulklassen, die insofern eine Belastung der Stadt darstellen, als ganze Pulks von dreißig und mehr Kindern die engen Gassen wie ein Pfropf verstopfen. Im August stauen sich die Tagesausflügler aus den Badeorten der Adria auf dem Trampelpfad, überall sonst sind nur wenige Touristen zu finden. Im Sommer gibt es in allen Hotels reichlich Platz. Die eigentliche Saison ist von September bis Allerheiligen, das ist die Hochzeit der kulturliebenden individuell Reisenden, die Hotels sind gut gebucht. Es ist bemerkbar, daß Fremde in der Stadt sind, jedoch für eine Invasion ist diese Spezies weltweit zu selten. Die Japaner kommen das ganze Jahr, jeweils für ein, zwei Tage, sind höflich und selbst bei ekligstem Wetter wohlgemut und sichtlich begeistert. Außerdem sind sie eine verläßliche Lebensgrundlage der Gondolieri.

Doch der Heiterkeit und der Behaglichkeit dieser Stadt kann das alles nicht viel anhaben. In Venedig ist eines entscheidend anders: es fehlt der Autoverkehr. Das führt zu einer Lebensform, die, zumindest solange man gut zu Fuß ist und nichts zu transportieren hat, für Einheimische und Fremde sehr entspannend ist.

Venedig ist ruhig, Fußmärsche bestimmen den Rhythmus, das Wetter ist dadurch unmittelbarer, die Eindrücke detaillierter. Venedig riecht – in der Brise würzig, nach Algen und Meergetier, aber gelegentlich auch brackig. Süß nach Kuchen und bitter nach Kaffee, nach safrangelbem Muschelsud und nach langsam köchelndem Sugo. Venedig glänzt und gleißt – nicht nur auf dem oft

San Trovaso

unbewegten Wasser der Kanäle, bei Regen bricht sich das Licht auf dem unregelmäßigen Pflaster der Gassen und Plätze. Venedig kokettiert – die Stadt verbirgt ihr Gesicht im Nebel und verwandelt sich im perlmutternen Licht des Dunstes. Venedig raunt und gluckert – das Wasser schlägt an die Fundamente der Kanäle, Dieselmotoren tuckern, Glocken schlagen, Möwen schreien, Stimmen dringen durch die Häuser.

Eine Stadt, in der jeder die meisten Erledigungen zu Fuß macht, ist gesellig, Nachbarn kennen sich und bleiben auf ein Schwätzchen stehen. Jeder Weg, ob Einkaufen oder der Heimweg von der Arbeit, führt an einer Bar vorbei. Das ist jedoch nur die zufällige Variante – der Müßiggänger kultiviert das *far un giro d'ombre*. Seine Runde drehen, um *un'ombra*, einen Schatten, einen Deziliter Wein zu trinken und dazu einen Happen, *cichetto*, zu essen. Daß hier nicht das Besäufnis, sondern die Geselligkeit im Vordergrund steht, sieht man sowohl an der geringen Menge pro Glas, was nicht heißt, daß sich das nicht läppert, als auch am *cichetto*, der Unterlage für den Wein. Beides ist übrigens in ganz Venetien, in Treviso, Rovigo, und auch im Friaul, wo die *ombra »tajut«*, Verschnitt, heißt, verbreitet. Es ist denkbar, daß die *cichetti* ein Erbe der österreichischen Herrschaft sind. Die Ähnlichkeit mit dem Büffet der Heurigen und Buschenschanken ist auffällig, während im restlichen Italien allenfalls Erdnüsse und Chips angeboten werden.

Pizzette auf der Theke des Il Caffè

Labsal für die Seele sind nicht nur die Ruhe, das Wasser und das geschlossene Stadtbild, sondern auch zwei weitere Phänomene, die sonst nur in der Einsamkeit der Natur ihre Wirkung entfalten – Nacht und Nebel.

Nacht – Venedig ist dunkel, die Straßenbeleuchtung ist spärlich, Leuchtreklamen fehlen, Rollos verdunkeln die Auslagen vieler Läden, die Fassaden sind den Kanälen und Plätzen, nicht den Gassen zugewandt. Die Finsternis ist der Thrill, das Licht der Zauber. Der überdimensionierte Muranoglasleuchter, dessen Licht aus einem Palazzo fällt, lädt für einen kurzen Moment in einen prächtigen Salon. Das warme Licht der Laterne einer Kneipe empfangt den frierenden Gast. Teilweise angeleuchtete Kirchen und Bauwerke verändern ihre Dimension und Proportion. Ein Lichtstrahl spiegelt sich im Kanal. Manchmal ist es so dunkel, daß man in den verwinkelten Gassen nicht ahnt, wo es weitergeht, dann weist einem nicht ein Licht, sondern der feste Tritt des Entgegenkommenden den Weg.

Nebel – sonst unerwünscht, in dieser Stadt das Beste, was einem passieren kann. Es ist seltener als man annehmen könnte richtig neblig, keineswegs den halben Winter. Oft ist es auch klar und strahlend, am zuverlässigsten neblig ist es im November.

Im Nebel ist Venedig nicht greifbar. Alle Farbe tritt zurück, die Perspektive bestimmt die Schattierung des Grau, bewegtes Grau, belebtes Grau. Denn so spärlich das Licht normalerweise ist, milchig und groß strahlt

Am Campo San Barnaba

der Hof jeder Lampe im Nebel. Das Licht bricht sich und legt dunstige Schichten über die Stadt. Schattierungen von Grau treffen Schattierungen von Licht und tanzen auf den Spiegelungen im Wasser. Auch die Geräusche treten zurück – und gleichzeitig ist die Stadt so lebhaft wie immer, quirlig empfängt einen mit Einbruch der frühen, langen Dämmerung das Lieblingsbàcaro, eine der typischen Weinkneipen.

Dorsoduro

Zattere und Pensione La Calcina

An Wintertagen, an denen sich die Sonne doch noch gegen den Nebel durchsetzt, füllt sich um die Mittagszeit die Holzterrasse der *Gelateria Nico*, direkt am Anleger *Zattere*. Die altmodischen roten Eisenstühle und Tische stehen das ganze Jahr bereit. Geschäftsleute in eleganten Tuchmänteln, ein paar Studenten und einkaufende Frauen in Pelzen genießen die Wintersonnenstrahlen bei einem Espresso oder Spritz. Ein Spritz ist der orangerote venezianische Aperitif, den fast immer jemand am Nachbartisch trinkt, Aperol oder Campari mit Weißwein und etwas Soda aufgespritzt, leicht und erfrischend. An solchen Tagen mag es für das leckere Eis der Gelateria zu kalt sein, ein Hauch von Frühling liegt hier im Januar schon in der Luft.

Der Zattere ist die Sonnenterrasse Venedigs, ein breiter Kai, die Südflanke der Stadt, einst gebaut, damit hier die Flöße, *zattere*, die der Stadt das Holz auf dem Piave brachten, anlegen konnten. Er beginnt an der Punta della Dogana, einer beeindruckenden, zugigen Ecke, an der der Canal Grande in das Becken von San Marco ausläuft und sich der Blick öffnet auf Markusplatz und San Giorgio Maggiore. Über einen Kilometer zieht sich diese Uferpromenade bis zu den Ausläufern des kommerziellen Hafens, Banchina di San Basegio. Wenn man von der Punta della Dogana kommt, ist die lange geschlossene Fassade der Speicherhäuser Magazzini del Sale auffällig. Salz aus den Salinen der Lagune war lange eine wichtige Einnahmequelle der Stadt, heute wird ein Teil der großzügigen Räume für wechselnde Ausstellungen genutzt, deren Besuch sich schon lohnt, um die Speicher auch von innen zu sehen. Die restlichen Hallen dienen einem der großen Ruderclubs als Bootshäuser und Werft. Über Brücken und an Kirchen entlang, gesäumt von Restaurants und Bars, hat man immer einen schönen Blick auf die Giudecca und die beiden strengen Palladio-Kirchen Zitelle und Redentore.

Venedig hat wenig Stellen, wo genug Platz ist zum Flanieren, an denen lichtdurchflutete Großzügigkeit das Bild bestimmt. Sonntags herrscht hier Trubel. Nicht nur in den Cafés, sondern auch die Stege, die bei Hochwasser den trockenen Zugang zu den Vaporetto-Stationen ermöglichen sollen, werden zu Bänken und Liegeflächen für lebhafte Familien und einsame Studenten, die sich in ihr Buch vertiefen. Mütter mit Kinderwagen spazieren auf und ab, Halbwüchsige jagen auf Rollerblades durch die Menge. Herren und Damen im Sonntagsstaat beobachten das Treiben bei einem Gläschen Wein.

Regelmäßig legt der Vaporetto an, ein Postboot macht fest und ein junger Mann leert behende den roten Kasten und widerlegt damit ein für allemal den Verdacht, mit der italienischen Post käme nichts voran.

Während unter der Woche auf dem Kanal ein reger Lieferverkehr herrscht, wird am Sonntag gewissermaßen auch hier flaniert, wunderschöne Boote, das honiggelbe Holz auf Hochglanz gebracht, sind der Stolz der wohlhabenden Venezianer, der im Sonnenlicht funkelnde Giudecca-Kanal der richtige Rahmen. Dann lassen auch die Ruderer ihre Boote zu Wasser und trainieren für die nächste Regatta.

Ab und an passiert etwas Seltsames: Ein großes weißes Schiff, wie ein Spielzeug aus einer Bauserie in Übergröße, fährt durch den Kanal, Kirchen und Hauser der Giudecca schrumpfen zu Zwergenformat. Es steht zu befürchten, daß der Kanal überläuft. Das Ganze wirkt gleichermaßen bedrohlich und faszinierend. Am Ende des Zattere legen die Kreuzfahrtschiffe und mehrstöckige Fähren an. Der Jugoslawienkrieg hat diese Verbindung nach Griechenland etabliert, ein Ausbau des Fährhafens ist geplant.

Der rege Verkehr, der in dieser sonst so ruhigen Stadt auch nachts zu einem merklichen Geräuschpegel führt, ist dann auch der einzige Einwand gegen die grandios gelegene und gut geführte *Pensione La Calcina.* Hier gibt es Zimmer mit Aussicht, wie sie selten zu finden sind. Vom Bett aus durch die schönen Fenster Kanal und Giudecca zu beobachten, auf der Terrasse über dem Wasser zu frühstücken und im Verlauf des Tages allenfalls mal die Bar und damit die Terrasse zu wechseln, zu lesen und zu schauen, ist Grund genug für eine Reise nach Venedig.

San Sebastiano

Zwei dampfende, schnaubende Pferde, die Vorderhufe bereits über eine angedeutetete Brücke gesetzt, angefeuert und bejubelt von einer begeisterten Menge, die sich hinter den Säulen und auf der Balustrade eines Balkons winkend im lichten Himmmel verliert. Kühn die Perspektive, aber fast noch erstaunlicher der offensichtliche Mangel an christlicher Thematik.

Die Gestaltung der Decke, der Empore und der Sakristei von San Sebastiano war Paolo Veroneses (1528 –1588) erster großer Auftrag. Aufträge weltlichen Inhalts gab es zu dieser Zeit kaum. Veronese hatte seinen Spaß an aufwendigen architektonischen Kulissen, bevölkert mit skurrilen Typen, lebhaften Frauen, neckischen Kindern, Pferden und Hunden. Das brachte ihm immer wieder Ärger mit dem Tribunal der Inquisition, derlei Albernheiten hatten in religiösen Motiven nichts zu suchen.

Der thematische Kompromiß waren biblische Gastmähler, Hochzeiten und andere Festivitäten des Alten und Neuen Testa-

Blick aus der
Pensione La Calcina
auf die Giudecca

San Sebastiano

ments, hier ließ sich all das darstellen, womit Veronese gerne spielte.

Heiterkeit, nicht Andacht, zeichnen seine Gemälde aus, farbenfroh, licht und großzügig. Die Gemälde der Decke des Kirchenschiffs zeigen Szenen aus dem Buch Esther: Das erste runde Medaillon zeigt die Brautschau Ahasvers, des Perserkönigs Xerxes. Die rechteckige Kassette in der Mitte malt die prunkvolle Hochzeit Esthers und Ahasvers aus. Vollendet wird der Zyklus durch den Triumphzug Mardochais, Esthers Onkel, er und seine Pferde, kraftstrotzend nachdem er das Komplott der Anhänger Ahasvers gegen die Juden aufgedeckt hatte.

Die Errettung der persischen Juden durch Esther und Mardochai begründet die Tradition des jüdischen Purimfestes. Ein venezianisches Thema, denn einige der Bräuche dieses Festes, Maskeraden, Festessen und Theateraufführungen decken sich mit den Festivitäten des christlichen Karnevals.

Die Seiten des Hauptchores und die Wände der nur auf Anfrage zugänglichen Empore schmücken Szenen der Sebastianslegende. Auf den großen Leinwänden des Chors ist der Heilige einmal zu sehen, wie er den Heiligen Markus und Marcellinus zuspricht ihr Martyrium zu ertragen, das andere Gemälde stellt seine eigene Marter dar.

Aber auch diesen beiden finsteren Szenen sieht man an, daß es Veronese vor allem interessiert hat, großzügige Raumillusionen für munteres Volkstreiben zu schaffen.

Eine gute Projektionsfläche für Veroneses Visionen ist die klare, lichte Architektur, die Scarpagnino mit dieser Kirche geschaffen hat. Den perfekten architektonischen Rahmen und die Möglichkeit, jedes weltliche Motiv nach Lust und Laune auszuschmücken, fand Veronese ein paar Jahre später in der von Palladio gebauten Villa Maser, einem Landsitz im Veneto. Hier schafft er mit seinen Trompe-l'œil-Effekten die perfekte spielerische Illusion.

San Sebastiano hält noch einen versteckten Reiz bereit, den Pfarrgarten; eine dieser verborgenen Grünflächen, von deren Existenz man nichts ahnt und deren Größe erstaunt. Kommt man aus der Kirche, so gehören die rechts liegenden Teile der Pfarrei zu einem Institut der Universität. Man tritt durch die von Carlo Scarpa (1906–1978) gestaltete eiserne Eingangstür, selbst dieses untergeordnete bauliche Detail gibt einen Eindruck von der raffinierten Arbeitsweise des Architekten und Designers. Der Besucher durchquert die Halle, und auf der anderen Seite eröffnen sich Schatten- und Sonnenplätze: Holzbänke, Mäuerchen, eine große Wiese, im Hintergrund das Gemurmel der Seminare und Vorlesungen.

Trattoria San Basilio

Hafenarbeiter, Marineangehörige, Angestellte der Konsulate und Reedereien, die am westlichen Zattere ihre Kontore haben, nehmen am Tresen dieser gemütlichen aber etwas engen Trattoria ihren Aperitif, essen in lebhaften Gruppen zu Mittag. Im Sommer stehen sechs, sieben Tische am Kai, hier

Sattelschlepper auf einem Ponton, im Hintergrund Mulino Stucky

weht, auch wenn es heiß ist, eine leichte Brise durch die *calle del vento*, die Gasse des Windes. Am Anleger San Basilio herrscht reges Treiben, gegenüber erhebt sich die hanseatisch-neugotische Industriearchitektur des Mulino Stucky, Ende des letzten Jahrhunderts erbaut von dem Hannoveraner Ernst Wullekopf.

Vater Borghi und seine Söhne Roberto und Stefano tischen einfache und überzeugende Küche auf. Gute Pasta mit Fleisch oder Meerestieren, mild säuerliche venezianische Leber, mit süßlichen geschmorten Zwiebeln und Polenta oder schöne gebratene Fische, die die Brüder gekonnt filetieren. Gutlaunig kümmern sie sich um ihre Gäste. Roberto, der mit einer Chinesin aus New York verheiratet ist und dort jedes Jahr einige Wochen verbringt, spricht ebenso gerne Englisch wie Italienisch.

Während man im Schatten des Sonnenschirms das Treiben um sich herum beobachtet, zieht ein Boot einen Ponton an den Kai, darauf ein Sattelschlepper der Lebensmittelkette Billa.

Ein paar Schritte neben der Trattoria verbirgt sich hinter unscheinbarer Fassade einer der wenigen Supermärkte der Stadt. Signor Borghi senior beobachtet mehrmals die Woche den schwimmenden Laster nicht ohne Stolz, war er es doch, der vor vielen Jahren die Idee mit dem Ponton hatte. Vorher war jede Ladung für den Supermarkt mühsam vom Lastwagen auf mehrere Lastboote gepackt worden, die dann die Ware vom Festland herüber brachten, jetzt wird jeder Karton nur noch einmal angefaßt.

Pasticceria Colussi

»Das Einfachste ist das Beste.« Der herzliche Signor Colussi und seine Frau wissen, welche außergewöhnlichen Köstlichkeiten in ihrer offen einzusehenden Backstube in der Callelunga San Barnaba entstehen. Das Angebot ist nicht groß, gebacken wird, auch wenn es teurer und aufwendiger ist, nur mit traditionellen Zutaten und in klassischen Verfahren. Fenster und Regale stehen immer voll mit *fugassa*, auch *foccacia veneziana* genannt, die von außen so aussieht wie alle diese bulligen Hefekuchen, die als Panettone auch in Deutschland bekannt sind. Diese können ganz lecker sein, doch in der industriellen Fertigung ersetzen künstliche Aromastoffe die säuerliche Note, die nach gutem Hefegebäck süchtig macht. Säuerlich, ungewöhnlich locker und luftig, gekrönt von einer leicht karamellisierten Zucker-Butterschicht, backen die Colussis hier einen Traum, der an den Geschmack von glücklichen Kindertagen erinnert. An Ostern werden aus dem gleichen Teig die traditionellen Tauben, *colomba*, angeboten. Auch alles andere, das Kleingebäck, die Pralinés sind von herausragender Qualität, und selbst die in Venedig sehr beliebten, aber etwas langweiligen *baicoli*, eine Art dünner Zwieback in Zungenform, schmecken von Colussi zart und buttrig.

Pasticceria Colussi

In den warmen Sommermonaten Juni, Juli, August lassen die Colussis die Rolläden ihres unscheinbaren Ladens runter und ziehen sich ins Veneto zurück. Wer will, kann diese Stadtflucht einer einheimischen Familie so interpretieren, daß es besser ist, Venedig im Sommer zu meiden. Was jedoch letztlich wirklich gegen einen Besuch Venedigs in dieser Zeit spricht, ist, daß es keine *fugassa* von Colussi gibt.

Trattoria San Basilio

Il Caffè

Campo Santa Margherita und Il Caffè

Wesentlich für das italienische Lebensgefühl ist die *piazza*. Die einzige Piazza Venedigs, der Markusplatz, wurde von Napoleon als der schönste Salon Europas bezeichnet. Die anderen Plätze heißen in Venedig *campo* und sind die heißgeliebten Wohnküchen der Venezianer. Die schönsten sind Mittelpunkt der *sestieri* und besonders angenehm ist der Campo Santa Margherita. Großzügig, mit vielen Bäumen, am nördlichen Ende der Turm der ehemaligen Kirche Santa Margherita, in der Mitte der Quader der *Scuola dei Varoteri*, der Bruderschaft der Gerber. Rundherum Geschäfte, Bars, Cafés und Restaurants. Vormittags findet hier ein kleiner Markt statt, zwei, drei Fischhändler, ein Eiermann, mehrere Gemüsestände. Dieser *campo* ist das Herz des Dorsoduro, einer lebhaften Wohngegend und Sitz der meisten Institute der Universität Venedigs, Studenten bestimmen einen Teil des Bildes. Vor allem im Sommer ist hier von morgens früh bis spät am Abend einiges los, gelegentlich finden Live-Konzerte statt, nur Sonntags ist es eher langweilig.

Da es Cafés an allen Seiten des Platzes gibt, kann man je nach Jahres- und Tageszeit immer ein sonniges oder schattiges Plätzchen finden, in der Mitte des Platzes laden auch ein paar Bänke zum Verweilen ein.

Die Auswahl zur Einkehr ist groß, doch die herausragende Adresse ist auf der Westseite des Campo *Il Caffè*, im Winter eher unauffällig hinter seiner altmodischen ochsenblutroten Holzfassade, im Sommer auffällig mit den vielen Tischen und Stühlen vor der Tür, umrahmt durch Segeltuchbalustraden in dem gleichen typischen Rot.

Der verspiegelte Eingangsbereich und der geschnitzte Tresen, die Decke mit dem schönen Glasoberlicht sind unter dem Einfluß des Jugendstils entstanden. Das zarte Licht, das durch die Spitzengardinen einfällt, verstärkt den Eindruck, sich in einer schon etwas vergilbten Fotografie zu befinden. Der Trubel, der hier herrscht, holt den versunkenen Betrachter jedoch schnell wieder in die Wirklichkeit zurück. Studenten, Hausfrauen, aber auch die Fischhändler kommen auf einen Espresso, das erste Gläschen Wein und vor allem auf ein schnelles *tramezzino* aus der Hand oder auf eine *pizzetta*, bilden eine Traube um den Tresen, scherzen mit dem Mädchen dahinter und weg sind sie wieder.

Venedig hat eine hochentwickelte Kultur des Snacks. Der Anziehungspunkt des *Caffè* ist eine große, immer frische Auswahl an phantasievollen *tramezzini*, jener weichen Weißbrot-Dreiecke, gefüllt mit *tonno-pomodoro,* Thunfisch-Tomate, *carotte-zucchini* und vielerlei anderen Füllungen; Mayonnaise hält Füllung und Brot zusammen, bei den wirklich guten *tramezzini,* so wie sie im *Caffè* sind, hebt diese den Eigengeschmack und erschlägt ihn nicht. Eine weitere Spezialität des *Caffè* sind diverse *pannini caldi* und *pizzette*, das sind unterschiedlich belegte Olivenlaibe und Brotscheiben, zum Teil mit einer scharfen Tomatenpaste, die bei Bestellung in den Grill kommen und warm gegessen werden.

Das *Caffè* ist ein guter Ort zum Frühstücken. Erfrischend ist es, hier gegen Mittag mit einem Glas Lemonsoda im Schatten der Sonnenschirme zu sitzen und den Fischhändlern zuzusehen, wie sie ihre Stände abspritzen. Und am Ziel aller Italienträume ist, wer hier an einem warmen Sommerabend dem Treiben auf dem *campo* zusieht, ungestört von Autolärm und Abgasen, inmitten von *ragazzi,* Jugendlichen, ohne Mopeds.

Alfonso Sara, Wirt des Codroma

Jazzkonzert im Codroma

Osteria da Codroma

Am späten Abend ist Venedig, zumindest im Winter, ziemlich ausgestorben, wenige Lokale haben nach Mitternacht noch geöffnet. Kommt man vom Campo dei Carmini die Fondamenta del Soccorso runter, spärliche Beleuchtung, ein paar vertäute Boote schaukeln auf dem *Rio dei Carmini,* erweckt die Gegend einen ausgestorbenen Eindruck. Dann leuchtet gegenüber der zweiten Brücke ein freundliches Licht. Von der Brücke sieht man durch altmodische Spitzenvorhänge in einen besonders schönen Gastraum hinein, liebevoll gepflegt, aber unverändert seit vielen Generationen. Alte Cottoböden, blankgescheuerte Tische, einst avantgardistisch geschwungene Messinglüster.

Zu essen gibt es nur Kleinigkeiten, Wurst, Käse, auch mal einen Kuchen. Hierher kommt man wegen der anregenden intellektuellen Atmosphäre, die sie ihrem Wirt Alfonso Sara verdankt, und der ordentlichen Auswahl an Weinen oder Whisky. Aber wer auch nur mal auf ein Bier hereinschaut, ist willkommen. Manchmal finden Jazzkonzerte oder Lesungen statt. Jeden Donnerstag ist das Codroma nur der geschlossenen Gesellschaft der venezianischen Backgammonspieler zugänglich.

Das Pferd
des »Engels der
Zitadelle«
von Marino Marini

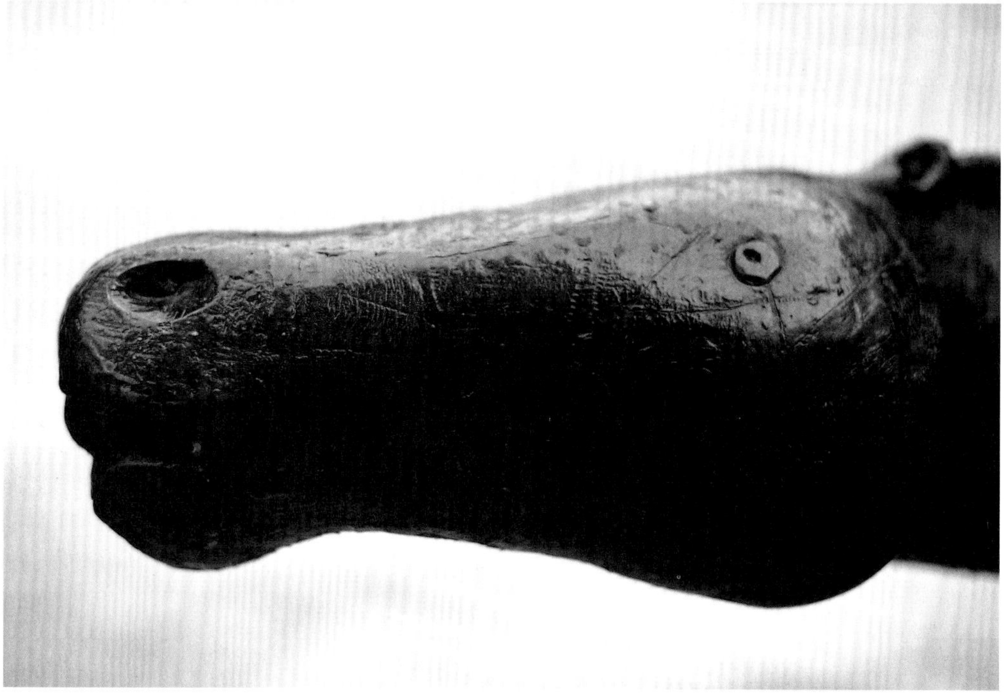

Peggy Guggenheim Collection

Peggy Guggenheim war eine leidenschaftliche Sammlerin und Mäzenin moderner Kunst. Ihr verdankt Venedig eine interessante Sammlung mit Werken von Max Ernst, mit dem sie eine Weile verheiratet war, Braque, Delaunay, De Chirico, Klee, Picasso, Dali, Magritte, Tanguy, Bacon, Pollock und weiterer Künstler.

Seinen besonderen Charme verdankt dieses Museum seiner Anlage. 1949 erwarb Peggy Guggenheim das Fragment des Palazzo Venier dei Leoni, dessen Bau nie über das Erdgeschoß hinaus kam, so daß der Sockel anmutet, als sei hier ein moderner Bau für eine moderne Sammlung entstanden. Im Vergleich mit dem gegenüberliegenden Palazzo Corner erkennt man jedoch deutlich, daß es sich bei dem Bau um die untere Ebene eines Palazzos handelt. In dem schönen Garten, zu dem im Gartenhaus auch ein angenehmes Café gehört, stehen Plastiken von Max Ernst und Henry Moore. Eine Attraktion ist die große Terrasse auf den Canal Grande, hier hat man an der Balustrade oder auf einer der Steinbänke einen prächtigen Blick auf den Canal. Eine Kuriosität ist der bronzene Reiter Marinis, der begeistert die Treppe zu der Terrasse bewohnt. Sein großer Phallus wurde an kirchlichen Feiertagen, wenn die Prozession ihren Weg durch den Canal nahm, abgeschraubt.

Santa Croce und San Polo

Campo San Giacomo dell'Orio und Capitan Uncino

Dieser Campo hat nichts Spektakuläres, hier nimmt das tägliche Leben seinen Lauf. An der Südseite eine neonhelle Bar, in der sich die Männer des Viertels zum Spielen treffen, draußen stehen auch einige Tische, von denen man den Platz gut überschaut. In der Mitte einige Bänke unter Platanen, Kinder und Hunde haben ihren Spaß am kalten Strahl eines Brunnens. Ende Juli findet eine Woche lang ein Stadtteilfest mit Live-Musik und ein paar Ständen mit Losen und gegrillten Würsten statt. Den Rest des Jahres ist der Platz eher beschaulich, bietet sonnige und schattige Sitzmöglichkeiten.

Bestimmend ist der schlichte und harmonische Ziegelbau der Kirche *San Giacomo dell'Orio* und ihr stämmiger Turm, einer der ältesten Kirchen der Stadt, deren erste Mauern bis ins 9. Jahrhundert datieren und deren zentraler veneto-byzantinischer Teil im 13. Jahrhundert entstand.

An der Nordseite des Campo liegt das Restaurant *Capitan Uncino*, ein kleiner Familienbetrieb der Brüder Antonio und Giuseppe Sardi, beide eher introvertiert, Anna, die immer gut gelaunte Frau Giuseppes in der Küche. An der Bar nehmen die Nachbarn ihr obligates Gläschen Wein, abends läuft der Fernseher, richtig was los ist bei wichtigen Fußballbegegnungen.

Anna Sardi kocht wunderbar cremige *risotti* mit Meeresfrüchten, Gemüse oder Pilzen. Groß ist die Auswahl an *pasta*. Gut sind die gegrillten Fische und, was in Venedig gar nicht so oft zu bekommen ist, das gegrillte Fleisch. Die *dolci* sind vielfältig und üppig.

Im Sommer stehen etwa acht Tische vor der Tür, direkt am schönen Campo. Sie laden zu einem Mittagessen unter der lichten Pergola oder zu einem Abendessen im Schein der bunten Lampen ein. Logenplätze um dem venezianischen Alltag zuzuschauen, die Stammgäste und das Treiben auf dem Platz zu beobachten.

Giuseppe Sardi

Sommerabend im Zucca

Trattoria alla Zucca

Gleich um die Ecke des Campo San Giacomo dell'Orio, an dem Ponte del Megio findet sich eine besondere Trattoria. *Zucca* bedeutet Kürbis, und auch wenn das Zucca kein vegetarisches Restaurant ist – es gibt phantasievolle Fleischgerichte –, Gemüse spielt eine große Rolle. Hier wird nicht venezianisch gekocht, die Köche spielen gekonnt mit Rezepten aus allen Teilen Italiens und Anregungen der Vollwertküche. Eine gute Hand beweist das Zucca-Team auch bei den Weinen. Das Zucca ist sehr klein, und bei Studenten, Professoren und anderen Intellektuellen beliebt, so daß es immer voll ist. Eng ist es vorne am Tresen, wo man wie fast überall in Venedig auch nur einen Schluck trinken kann. Eng ist es auch im eigentlichen Restaurant mit seinen skandinavischen Holztischen und Bänken, den groben Weinregalen und dem netten Ausblick aus zwei Fenstern direkt auf den Rio del Megio. Wer hier einen Platz möchte, muß reservieren. Im Sommer stehen ein paar Tische draußen, links mehr die Ahnung des kleinen Kanals, daneben der Ponte del Megio. Ein Teil der Passanten, Nachbarn, Studenten bleiben eine Weile vor dem Lokal stehen, trinken *un'ombra* und eilen dann durch die dunkle Gasse weiter.

Rialtomarkt

Rialtomarkt

Seit tausend Jahren ist Rialto das Handelszentrum Venedigs, ebensolange wird hier Markt gehalten. Rialto ist von acht bis neun Uhr Großmarkt für Geschäfte, Restaurants und Hotels, von neun bis elf können Hausfrauen hier ihre Besorgungen machen, etwas billiger als auf den anderen Märkten, die es auf verschiedenen Plätzen der Sestieri gibt.

Einen richtigen Eindruck des Treibens bekommt nur, wer es schafft, sein Bett in aller Frühe zu verlassen. Wirklich etwas zu sehen gibt es auf diesem Markt gegen sechs Uhr.

Obst, Gemüse und Blumen werden in der Erberia angeboten, Fische und Meeresfrüchte in der großen Halle der Pescheria. Die Waren, die vom Festland kommen, das Gemüse der Lagunenbauern, die frischen Erbsen, die kleinen Artischocken und der Fischfang der letzten Nacht, alles ist in die typischen Lastkähne geladen.

Morgens herrscht ein Höllenverkehr rund um Rialto. Die Boote werden unter großem Geschrei an der Fondamenta festgemacht. Einer springt raus, ein anderer wirft ihm die Kisten schwungvoll zu. Obwohl es früh am Tag ist und diese Arbeit brutal auf den Rücken gehen muß, wird gescherzt und gelacht. Auf Karren werden die Kisten zu den Ständen gebracht und dort liebevoll aufgebaut. Gemüse wird auf frischen Blättern ausgebreitet, Obst zu Pyramiden aufgetürmt, Fische auf grob gestoßenes Eis gelegt. Die Auswahl frischer Lebensmittel ist beeindruckend,

Nicht jeder wird für den Verkauf benötigt, so daß sich ab acht die umliegenden Cafés und *bàcari* füllen. *Bàcari* nennen sich die typischen venezianischen Weinkneipen, in denen es die *cichetti* gibt, kleine Leckereien, die vom harmlosen gekochten Ei bis zu aufwendig eingelegten Gemüsen und Meeresfrüchten reichen können. Hier fängt der Venezianer beizeiten mit einer *ombra* an, die *cichetti* dienen als Unterlage, ersetzen aber auch durchaus das Mittagessen, sind Stärkung am Nachmittag, und machen schließlich, auf dem Heimweg, Appetit auf das Abendessen.

Mittags war alles ein Spuk. Die Pescheria ist verlassen, Katzen stromern um die Pfützen, die sich nach dem Reinemachen gebildet haben – vom Duft der Fische angelockt.

Rialtomarkt

Klostermauern auf San Giorgio Maggiore

Rio San Vio vom Balkon des Hotel American

Campo San Barnaba

Campo San Polo

Il Caffè

Fischmarkt auf
dem Campo Santa
Margherita

Thunfische

Rialto früh morgens

Osteria Rivetta

Osteria Rivetta

Lido di Venezia
17 DICEMBRE 1996
WOODY ALLEN FOR FENICE
proiezione in anteprima alla presenza del regista
EVERYONE SAYS I LOVE YOU
TUTTI DICONO I LOVE YOU
Palazzo del cinema
Lido di Venezia
17 DICEMBRE 1996
LA FENICE
WOODY ALLEN FOR FENICE

EURIPIDE ARISTOFANE SHAKESPEARE MOLIERE GOLDONI PIRANDELLO
CLASSICI, NOSTRI CONTEMPORANEI
COMUNE DI MIRANO
ARTEVEN
MIRANO - VENEZIA
TEATRO DI VILLA BELVEDERE
STAGIONE TEATRALE 1995/1996

VENEZIA, 4 NOVEMBRE 1966
VENEZIA
CITTÀ D'EUROPA
MAI PIÙ COSÌ

FERMIAMO L'AGIP
Anche pochi centimetri di abbassamento del suolo sareb
disastrosi per Venezia, Chioggia e il Delta del Po.
FERMIAMO I PROGETTI DELL'AGIP.
Non si può correre nessun rischio, non si possono ignorare
avvertimenti che vengono dagli ambienti scientifici e culturali pi
sensibili.
Gli interessi della comunità vengono prima di qualsiasi industri
petrolifera.
NO ALL'ESTRAZIONE DEL METANO IN PROSSIM
DELLA LAGUNA DI VENEZI
FERMIA

Piazzetta San Marco in der Morgendämmerung

Tauben auf der Piazza San Marco

Fassade der Basilika
San Marco

Castello mit der Kirche Santi Giovanni e Paolo

Santi Giovanni e Paolo

Campo Sportivo Sacca Fisola

Campo Sportivo Santa Marta

»Solo acqua, niente verde?«

Giudecca, Fondamenta della Croce

Anfahrt auf den Canale di Cannaregio

Cannaregio

Canale di Cannaregio und Osteria alla Fontana

Biegt man vom Trampelpfad, der von Ferrovia nach Rialto führt, auf das östliche Ufer des Canale di Cannaregio ab, stellt sich innerhalb von zwanzig Metern die Beschaulichkeit wieder ein. Ein grün gestrichener Weinladen, bei dem die Nachbarschaft ihren offenen Wein holt, ein altmodischer Friseur, die Bar Pontini mit ein paar Tischen vor der Tür. Hier werden als willkommene Abwechslung die *tramezzini con tonno* mit eingelegten roten und gelben Paprika kombiniert.

Am Durchgang zum Ghetto liegt ein innen sehr modern gehaltenes koscheres Restaurant, das GAM-GAM, das direkt am Kanal einige Tische mit Holzbänken stehen hat. Pasta, Sesam, Couscous, Kichererbsen, Basilikum und Kreuzkümmel. Hier vermählen sich italienische Rezepte mit den würzigen Einflüssen des Nahen Ostens. Viele Jahrhunderte war Venedig eine Drehscheibe zum Orient, hier lebt ein Hauch dieser Vergangenheit auf.

Noch ein wenig weiter die Osteria alla Fontana, ein unverfälschtes *bàcaro.* Die lebhafte Wirtin Antonella Parolin und ihr Mann Bruno verlieren auch im größten Trubel nicht die Ruhe, schenken aus den großen

Canale di Cannaregio

Osteria alla Fontana

Ballonflaschen abgefüllten Tocai, Cabernet und Merlot aus, schneiden aus den großen Schinken hauchfeine Scheiben, empfehlen Käse und drapieren allerhand Eingelegtes auf dicke weiße Teller. Am Tresen herrscht ein ständiges Kommen und Gehen, an den Tischen vor dem im Winter befeuerten Kamin treffen sich abends auch mal ganze Familien, um gemeinsam einen Geburtstag zu begießen. Schon früh im Jahr und bis spät in den Herbst sitzen die älteren Männer aus der Nachbarschaft in der Abendsonne und beobachten das Treiben auf dem Kanal. Der Canale di Cannaregio ist eine wichtige und breite Verbindung in die offene Lagune, hier herrscht reger Verkehr.

Am Sonntag nach Himmelfahrt wird alljährlich in Venedig die *vogalonga* ausgetragen. Diese dreißig Kilometer lange Regatta, bei der hunderte Ruderboote aller Art teilnehmen, kommt kurz vor dem Zieleinlauf durch diesen Kanal. Bereits viele Wochen vorher kann man hier am frühen Abend und an den Wochenenden den Teilnehmern beim Training zusehen und besonders gut die eigentümliche venezianische Rudertechnik studieren. Bereits einige Tage vor dem Wettkampf flattern über dem Kanal bunte Fahnen, um die Ruderer willkommen zu heißen.

Osteria da Bacco

So wie Roberto Meneghetti stellt man sich einen Wirt vor. Wohlgelaunt, immer bereit, mit seinen Gästen einen Schwatz zu halten. An der schönen, schlichten Einrichtung dieses Lokals an der Fondamenta delle Cappuccine wurde seit Jahrzehnten nichts geändert, die Rezepte folgen der gleichen bodenständigen Tradition. Das *da Bacco* ist der Inbegriff der venezianischen Fischkneipe. Schöner Tresen, an dem immer was los ist, blankgescheuerte große Holztische, gemütliches Kerzenlicht. Als Einstimmung üppige Vorspeisenteller mit *sarde in saòr*, süß-sauer, mit Zwiebeln, Pinienkernen und Rosinen, eingelegte gebratene Sardinen. Dazu allerhand Schalengetier, in seinen unterschiedlichen Ausprägungen, *gransèoli*, die hellen Meeresspinnen, die es nur im Winter gibt, *canòce*, die Heuschreckenkrebse, *masanète*, die gewöhnlichen weiblichen Krabben, deren Männer oft ausgebacken werden, *molèche col pien*, aber auch mal ein Stück Aal, *bisàto*. Danach Pasta mit *sèpe nère*, der schwarzen Soße des Tintenfischs oder mit *caparòsoli*, Venusmuscheln. Zum Abschluß

Roberto Meneghetti, Osteria da Bacco

einen gegrillten Fisch. Als Wein einen kräftigen, offenen Tocai. Für den Freund von Meerestieren das Paradies, wer mit diesen nicht auf gutem Fuße steht, hat allenfalls eine Alternative: Spaghetti mit Tomatensoße.

Castello

Chiesa e Campo dei Santi Giovanni e Paolo und Pasticceria Rosa Salva

Mögen zwei Heilige zum Schutze besser sein als einer, für den täglichen Gebrauch ist diese Weihung zu lang, so daß aus diesen beiden im Dialekt *Zanipolo* wird, Betonung auf dem »i«. Im 14./15. Jahrhundert bauten die Dominikaner diese Kirche um die Wette mit den Franziskanern, die in San Polo mit der Frarikirche ein Bauwerk schufen, das in Anlage und Charakter San Zanipolo stark ähnelt.

Der rote Backsteinbau ragt als größte Kirche Venedigs mit über hundert Metern Länge und vierunddreißig Metern Gewölbehöhe über den ganzen Norden der Stadt. Nähert man sich Fondamenta Nuove vom Wasser, bestimmt er die Silhouette. Steht man am Campo Zanipolo vor dieser Kirche, verhindert die mangelnde Weitläufigkeit des Campo, aber auch der unmittelbar anschließende wuchtige Bau des Krankenhauses, *ospedale civile*, daß jener atemberaubende Eindruck entsteht, den vergleichbare gotische Kirchen sonst entfalten. Umso überraschter ist man von den Dimensionen im Inneren. Das Mittelschiff mit seinen hoch angesetzten Gewölben strebt steil gen Himmel, die lichte Größe wird noch verstärkt durch den offenen Durchblick in den Chor.

Ließen sich bis Mitte des 14. Jahrhunderts die Dogen in San Marco bestatten, so versprach man sich in den folgenden Jahrhunderten einen besseren Eingang in den Himmel durch eine Grabstätte in Zanipolo. Jetzt wollten die Dogen davon profitieren, daß der dominikanische Bettelorden ungewöhnlich strenge Glaubensregeln hatte und seine Brüder ganz besonders darben mußten. So liegen an den Außen- und Innenwänden der Kirche siebenundzwanzig Dogen begraben.

Gegenüber von Zanipolo befindet sich eine Filiale der *Pasticceria Rosa Salva*, deren Hauptgeschäft am Campo San Luca ist.

Bunte Bonbongläser im Regal, schöne Spiegel und alte Holzeinbauten sind ein angemessener Rahmen für die Spezialität dieser Konditorei, kleine *budini*, gestürzter Grießpudding mit Rosinen, jeder anderthalb Bissen, der Eintritt ins Schlaraffenland. Die Venezianer lieben Leckereien, *golosèssi*, die Kunst, verführerische Törtchen zu backen, ist weitverbreitet. Von 1806 bis 1866 gehörte Venedig zu Österreich, auf dem Sektor der Konditorkunst ist dieser Einfluß bis heute deutlich zu spüren, Cremeschnitten, Strudel, lockere Schokoladentorten. Dazu ein *caffè* oder eine *cioccolata alla panna*, jener dickflüssige venezianische Kakao, der in der ganzen Stadt angeboten wird. Seit einiger Zeit werben Cafés und Bars damit, darunter Rosa Salva, daß sie statt H-Milch nur noch frische Milch und Sahne verwenden, *capuccino* und *cioccolata* bekommt das sehr gut.

Trattoria alle Testiere

Venedig ist eine Stadt, in der man gut ißt, mal derber, mal feiner. Die Auswahl ist groß, das Vergnügen oft, entgegen aller Gerüchte, erschwinglich. Wohin am liebsten, das hängt auch von der Jahreszeit ab. Bietet sich die Gelegenheit, draußen zu sitzen, dann mag das die Wahl bestimmen, solange sich diese Frage nicht stellt, hat das *alle Testiere* alle Qualitäten eines Lieblingslokal. Die Einschränkung: es ist klein, sehr klein, weshalb nach Möglichkeit versucht wird, in zwei Schichten zu servieren. Wer also am frühen Abend reserviert und weiß, daß er gerne lange sitzt, sollte das klären oder gleich erst um 21.30 Uhr reservieren, was in einer Stadt, in der gerne früh gegessen wird, auch ein willkommenes Angebot sein kann.

Die Atmosphäre ist hell und freundlich, die kleine Theke schmücken üppige Blumensträuße. Bei den Regalen, auf denen hinter dem Tresen die Flaschen stehen, muß es einem noch nicht auffallen, der Schmuck an den Wänden läßt es deutlicher erkennen: hier dominieren schmiedeeiserne Kopfteile von Betten, auf italienisch *testiere.*

Das Team des Testiere

Luca di Vita, der sich um den Service kümmert, ist enorm aufmerksam. Wer ihn darum bittet, bekommt mündlich eine korrekte, detaillierte deutsche Übersetzung der Speisekarte, was bei den raffinierten Rezepten durchaus nützlich sein kann.

Das Essen aus Bruno Gavagnins Küche ist aufregend und perfekt. Cremige Polenta mit klitzekleinen Krabben in bestem Olivenöl, gewürzt mit ein bißchen Petersilie, oder fluffige Gnocchi mit Krebsen in einer Zimtsoße, Seezunge in einer wunderbaren, leichten Kapern-Zitronensoße. Die Weinauswahl ist nicht üppig, aber gut.

Die venezianische Küche bereitet Meerestiere oft sehr bodenständig zu, wer mit diesem Getier fremdelt, dem ist dies leicht zu derb. Im *Testiere* allerdings wird mit Schalentieren, Muscheln und Fischen so raffiniert und phantasievoll umgegangen ohne dabei den Bezug zur regionalen Küche zu verlieren, daß ein Zauderer vielleicht doch auf den Geschmack kommt, ein Liebhaber der Fischküche aber bestimmt hingerissen ist.

Mascareta

In einer Stadt, in der jeder Transport zu einem Problem wird, ist es nicht verwunderlich, daß Einrichtungsgegenstände, soweit sie noch funktional sind, nicht mit jeder

Mascareta: *bàcaro con enoteca*

Mode ausgemustert werden. So hat sich die altmodische Gemütlichkeit so mancher Kneipe eher zufällig ergeben.

Erfreulich ist es, daß es einigen neu gegründeten oder wiedereröffneten *bàcari* und Restaurants gelungen ist, an die alte Tradition anzuknüpfen.

So auch das *Mascareta,* eine relativ junge Dependance des benachbarten *Mascaròn.* In den schönen Räumen des Mascaròn gibt es guten Fisch, serviert an großen Holztischen mit groben Papiersets. Hier ist es immer voll und ein bißchen lärmig.

Das Mascareta hingegen könnte man als *bàcaro con enoteca* bezeichnen. Ein schöner Marmortresen, Kleinigkeiten zum Essen, einfach und erlesen, *crostini con tonno*, klug ausgewählte Weine, zehn bis fünfzehn von ihnen werden im täglichen Wechsel glasweise ausgeschenkt. Den verführerischen Rest kann man flaschenweise bestellen, zum Verweilen laden mehrere Tische, deren Patina im sanften Licht der Lampen schimmert. Es ist ein angenehmer Treffpunkt, nicht nur vor dem Essen, sondern auch noch danach, das Mascareta hat bis nach Mitternacht geöffnet.

La Residenza

Die Vorstellung im *piano nobile*, der Beletage eines Palazzo zu wohnen, ist bestechend. Am Canal Grande, dem eigentlichen Ort dieses Wunsches, ist das durchaus möglich, zum Beispiel im *Gritti* – allerdings sehr teuer – und nicht nur das, mit den Preisen steigt auch die Förmlichkeit, der man sich aussetzt.

Eine Alternative ist das *La Residenza,* nicht weit hinter der Riva degli Schiavoni in einem gotischen Palazzo an dem ruhigen Campo Bandiera e Moro, die Zimmer zum Teil mit Blick auf die ebenfalls gotische Kirche San Giovanni in Bragora.

Das La Residenza ist ein kleines Hotel und wird sehr persönlich geführt. Seitdem es renoviert wurde, gehört es zwar nicht mehr zu den günstigsten Adressen der Stadt, ist aber nach wie vor eine besondere Empfehlung. Das La Residenza eröffnet dem Fremden einen neuen Blickwinkel, hier kann man in die sonst geheimen, privaten Gemächer Venedigs eindringen und ist dabei willkommen.

Beeindruckend bereits die große Treppe, über die man in das *piano nobile* gelangt. Hier oben erwartet einen eine großartige Halle, von der Balkendecke, über die alten Möbel und die Teppiche eine Reise in vergangene Pracht. Besonders im Winter der richtige Ort, um sich von langen Spaziergängen zu erholen. Die Zimmer, ebenfalls mit alten Möbeln ausgestattet, sind angenehm, jedoch, wie fast immer in Venedig, nicht sehr groß.

Via Garibaldi

Bis in die Mitte des 20. Jahrhunderts wurden immer wieder Kanäle aufgefüllt, sind so zu Gassen und Straßen geworden, die relativ häufige Straßenbezeichnung »Rio terra ...« weist heute noch darauf hin. Die Via Garibaldi ist hierfür ein besonders auffälliges Beispiel. Vorne am Canale di San Marco, wo die Riva San Biagio in die Riva dei Sette Martiri übergeht, ist sie eine der breitesten Straßen Venedigs, dann, auf halber Höhe, teilt der Rio di Sant'Anna die Weitläufigkeit. Reizvoll der Blick, hinter der Steinbalustrade plötzlich ein Boot, das Gemüse anbietet. Im weiteren Verlauf überspannen den Kanal mehrere Brücken.

Die Via Garibaldi ist das Zentrum des östlichen Castello, hier bekommt Venedig Vorstadt-Charakter. Die Bebauung ist

Sonniger Winternachmittag in der Bar Mio

schmuckloser, zum Teil auch niedriger, in den Seitengassen ist die Wäsche zum Trocknen zwischen den Häusern gespannt. Die Via Garibaldi ist lebhaft, es gibt einige Cafés, das schönste ist die *Bar Mio*, mit guten *tramezzini*, diesmal *tonno con olive*, gleich zu Beginn linker Hand. Sonne von morgens bis abends, was vor allem in den Übergangsjahreszeiten ein Genuß ist – und ein herrlicher Blick in den Canale di San Marco.

Die Via Garibaldi ist eine Einkaufsstraße, jeden Vormittag findet vor dem großen Eisentor der parkähnlichen Viale Garibaldi ein Fischmarkt statt. Es gibt mehrere Metzger und Pasticcerie, Schreibwaren- und Spielzeughändler und einige Handwerksbetriebe.

Die verschiedenen *trattorie* sind mittags bis auf den letzten (Steh-)Platz fest in der Hand der Castellani. Hier gehört, neben *cichetti* und der Möglichkeit einen Teller Pasta zu essen, *bacalà*, Stockfisch, zum regelmäßigen Angebot.

Tifosi im Campo Sportivo Sant'Elena

Geht man die Verlängerung der Via Garibaldi bis zum Ende, kommt man über eine breite Holzbrücke auf die Isola di San Pietro, zwischen dem 8. und 15. Jahrhundert als Bischofssitz ein Zentrum der Ansiedelungen in der Lagune, heute ein ruhiger und beschaulicher Ort, weit ab vom Schuß. Der Kirchplatz ist, als einziger in Venedig, nicht gepflastert, sondern eine große, baumbestandene Wiese. Hier unter dem etwas schiefen, leuchtendweißen Turm ist ein besonders schöner Ort, nach langen Wegen, mit ein paar süßen Teilchen und einer Tüte Obst, eine Pause einzulegen.

In der letzten Juniwoche weicht die Beschaulichkeit der *Sagra di San Pietro di Castello,* der Kirchweih. Buden werden aufgebaut, Wein wird ausgeschenkt, und es gibt auch Kleinigkeiten zu essen, Höhepunkt ist eine Tombola am Sonntag.

Fußballstadion

Alle Italiener sind begeisterte Fußfallfans, *calcio* bestimmt selbst zu Zeiten des Giro d'Italia die ersten zehn Seiten der Gazzetta dello Sport. Das ist in Venedig nicht anders, weswegen es in dieser Stadt, mehr oder weniger am östlichsten Punkt, ganz hinten in Sant'Elena, ein etwas provisorisch anmutendes aber großes Stadion gibt.

Sitzt man an einem frühen Sonntagmittag am Campo Zanipolo oder am Campo Santa Maria Formosa, so ziehen, erst noch unauffällig, später unübersehbar, große und kleine Männergruppen Richtung Osten, die Männer an den umliegenden Tischen schließen sich an, die männliche Bevölkerung verläßt die Stadt und trifft sich im Stadion. An der Haltestelle Giardini Biennale spuckt der Vaporetto die angereisten Fans der gegnerischen Mannschaft aus.

Eine Männerprozession durchquert Sant'Elena, im Vorübergehen nimmt mancher an der Bar noch schnell ein Schlückchen. Gedrängel, aber keine aggressive Stimmung am Einlaß. Kurz noch das *telefonino*, das Handy gezückt, »Mamma, ich bin gut

Treffpunkt
in Castello

angekommen«, Väter setzen ihre Söhne auf die Schultern, einige ältere Männer diskutieren erregt über die Form ihrer Mannschaft. Im Kanal vor der Westflanke des Stadions, dümpeln ein Boot der Carabinieri und ein Rettungsboot. Die Carabinieri verweigern laut und wortreich einem eleganten Schiff das Anlegen – nicht vor und während einer Veranstaltung – obwohl deutlich ist, daß es einen fußballbegeisterten Rollstuhlfahrer bringt. Schließlich darf er doch an Land, die Sanitäter helfen beim Ausladen. Dann sind Brücken, Fondamenta und Vorplatz menschenleer. Aus dem Stadion ein ohrenbetäubendes Getöse – die Tifosi, die Fans, johlen, trommeln und tröten.

San Marco

Die Buchhandlungen

In fremden Buchhandlungen gibt es immer etwas zu entdecken, und wenn man die Sprache nicht beherrscht, so bleiben einem immer noch Bildbände, Kochbücher, Landkarten. In Venedig gibt es eine Reihe guter Buchhandlungen, die zwei großen mit reichlicher Auswahl zu allen Themenbereichen

Bücherberge in der Libreria Bertoni

befinden sich in San Marco: *Goldoni,* Calle dei Fabbri und *Libreria Sansovino*, Bacino Orseolo. Ebenso in San Marco die Kunstbuchhandlung *Fantoni libri – arte*, Salizada San Luca, bereits die in den Schaufenstern ausgestellten Bücher wecken Begehrlichkeiten.

Interessant ist auch das Angebot der Gebrüder *Filippi,* Calle del Paradiso im benachbarten Castello, die sich auf Venetia, die sie zum Teil auch selbst verlegen, spezialisiert haben. Ebenfalls zu einem Verlag gehört die Buchhandlung *Arsenale Punto Libri,* Calle dei Vinanti, Santa Croce. Arsenale Editrice veröffentlicht auch in Englisch Bücher und Kataloge über Architektur, Kunst und Fotografie. Neben Büchern über Tiepolo und den Canal Grande auch viele, die die Strömungen dieses Jahrhunderts zeigen: über den Architekten Carlo Scarpa, die Glaskünstler Lino Tagliapietra und Yoichi Ohira, mehrere große Bände zum Thema Muranoglas.

Eine Riesenauswahl von Büchern aller Art zu Sonderpreisen gibt es in der Buchhandlung *Toletta*, Sacca de la Toletta, Dorsoduro.

Die Buchhandlung jedoch, in der man nicht nur die wildesten Funde machen kann, sondern die auch durch ihre Atmosphäre besticht, ist eher ein Antiquariat: *Bertoni,* Terra di Mandola, wieder in San Marco, etwas versteckt, rechts in einer Seitengasse, wenn man vom Campo Manin zum Campo San Angelo geht. Schaufensterkästen weisen schließlich den Weg in einen langgestreckten Verkaufsraum, in dem auf großen Tischen aufgetürmt und in hohen Regalen, nur weitläufig sortiert, sich Hunderte von Büchern finden. Schätze sind oft gut verborgen. Ein grandioser Ort für einen verregneten Nachmittag.

Caffè Florian

Der Markusplatz entfaltet seinen Reiz vor allem zu zwei Zeiten: im frühen Winter, wenn im Westen ein blasphemisch wirkender Weihnachtsbaum die strenge Architektur stört, und im Sommer am späten Abend, dann, wenn hier wenig los ist. Zu diesen Zeiten ist der Platz beeindruckend, besonders einladend wirkt er allerdings nie. Einladend, heiter, entzückend ist jedoch das *Caffè Florian* unter den Arkaden der Procuratie Nuove. 1720 gegründet, ist es eines der ersten Kaffeehäuser Europas.

Die Wandbemalung und der Plüsch wurden zwar seitdem ein paarmal renoviert, viel hat sich über die Jahrhunderte jedoch nicht geändert. Balzac beschreibt das Florian »zugleich als eine Börse, ein Theaterfoyer, einen Leseraum, einen Club, einen Beichtstuhl« und merkt weiterhin an, »daß es sich so gut für alle alltäglichen Angelegenheiten eignet, daß einige venezianische Ehefrauen nichts über die Art der Betätigung ihrer Männer wissen, denn diese gehen sogar in dieses Café, wenn sie einen Brief schreiben müssen.« Auch heute treffen sich hier, ungeachtet der stattlichen Preise, viele Venezianer. Am späteren Abend ist das Caffè Florian einer der Orte, die zumindest bis gegen Mitternacht offen haben, eine Ausnahme in dieser Stadt.

An einem Winternachmittag sollte man es sich hier bequem machen, zum Lesen und Schreiben, aber auch zum Plaudern und

Piazza San Marco

Schauen. Die ziemlich hohen Preise lassen sich als Eintrittsgeld in ein Museum betrachten.

Oder in ein Konzert von ganz besonderer Qualität! Die Kaffeehausorchester des *Florian,* des *Quadri* und des *Lavena* verbreiten, soweit sie sich gegen den Lärm der Piazza und gegeneinander Gehör schaffen können, einen Hauch aus längst verklungenen musikalischen Welten. Nachzuhören ist dieses einmalige Gesamtkunstwerk der Polyphonie, bei dem sich Cancan, Polka, Tango und Opernmelodien freundlich vermengen und auch die Glocken von San Marco nicht fehlen, auf einer geradezu bibliophil ausgestatteten Compact Disc mit dem Titel *Venezia La Festa*.

Der Campanile von San Marco

Paron di casa, ihren Hausherren, nennen ihn die Venezianer, was wohl daher rührt, daß seine Glocken in Zeiten der Republik in der Stadt den Ton angaben, die Größte schlug den Beginn und das Ende des Arbeitstages. Der Schlag der anderen Glocken berief die Senatoren ein, läutete bei der Vollstreckung von Todesurteilen und wies den Schiffen bei Nebel den Weg. 1902 krachte der Turm von Blitzeinschlägen beschädigt zusammen, wurde jedoch flugs wieder aufgebaut.

Ein Aufzug fährt hinauf zur Plattform. Von dort hat man einen beeindruckenden Blick: auf das aufwendig angelegte Pflaster des Markusplatzes, über die Kuppeln der Basilica San Marco auf das mächtige Kirchenschiff von San Zanipolo.

An klaren Tagen blickt man über die Lagune bis in die schneebedeckten Alpen; an diesigen oder gar nebligen Tagen muß man warten, bis die Dämmerung hereinbricht, und hat dann das Gefühl, sich der erleuchteten Stadt mit einem großen Schiff zu nähern.

Al Volto

Die Venezianer trinken viel Wein, normalerweise werden mehr oder weniger anständige und süffige Tocai, Merlot oder Cabernet aus Venetien oder dem Friaul ins Glas gefüllt. Im *Al Volto* jedoch verbindet sich die

Tradition des *bàcari* mit der Auswahl einer gepflegten Enoteca. Hier bekommt man glasweise ausgeschenkt, was das Herz begehrt – Andrea Benetazzo und Sebastiano Mugnaini lagern viele gute Weine aus ganz Italien. Flaschenweise sind die Werke der größten Winzer Italiens und Frankreichs zu haben. Dazu am Tresen oder am groben Holztisch *cichetti*, eingelegtes Gemüse, ein paar dicke Bohnen, ein halbes hartgekochtes Ei, Wurst und Käse oder auch eine Portion Pasticcio mit Radicchio.

Wer den ganzen Tag über von *tramezzini* oder *cichetti* zum Schnabulieren verführt wird, muß wissen, wann er aufhört, um sich nicht den Appetit für das Abendessen zu verderben. Der gute Wein und das große Angebot an warmen Speisen verführen dazu, daß sich Kleinigkeit an Kleinigkeit reiht, und am Ende ist man satt und glücklich.

Kommt man von Rialto, so bleibt man am Canal Grande und läuft die Riva del Carbon solange runter bis geradeaus ein Palazzo den Weg versperrt und links die Calle Cavalli abbiegt. Eine Laterne rechter Hand weist auf das Al Volto, bereits durch das Fenster sieht man die Decke, die über und über mit Weinetiketten tapeziert ist.

San Giorgio und Giudecca

Campanile von San Giorgio Maggiore

Hier herauf kommt man nur vormittags, da die Mönche von San Giorgio den Lift im Rahmen anderer Klosteraufgaben selber bedienen. Das paßt gut, denn besonders beeindruckend ist der Besuch auf diesem Turm um zwölf mit dem Mittagsläuten. Venedig, der große Fisch, liegt einem zu Füßen, der Blick schweift weit in die Lagune. Eine leichte Brise weht. Turm und Seele beben beim tiefen Klang der Glocken.

L'Altanella

Etwa in der Mitte durchschneidet die Giudecca der Rio del Ponte Longo, genannt nach jener langen Brücke, die vom Zattere aus betrachtet, neben den Kirchen Zitelle und Redentore die Silhouette der Insel gliedert. Gleich zu Beginn des Rio, kurz hinter der Brücke hat das *Altanella* eine blumengeschmückte Terrasse, ab Mittag schattig und so an heißen Sommertagen und Sommerabenden ein schöner Platz, um an einem Kanal draußen zu essen. Gekocht wird traditionell venezianisch, Fisch oder Leber, dazu eine Scheibe gebratene Polenta und frisches Gemüse oder einen gemischten Salat. Der Gastraum mit einer alten Anrichte, dunklen Holztischen und Stühlen macht einen fast ländlichen Eindruck. Es ist ja ohnehin die Frage, ob Venedig wirklich städtischen Charakter hat, auf der Giudecca jedenfalls beginnt bereits die Abgelegenheit, die den Charme der Laguneninseln ausmacht.

Redentorefest

Einmal im Jahr, am dritten Wochenende im Juli, ist die Giudecca allerdings das Herz der Stadt. Dann feiert die ganze Stadt *Il Redentore.* Die Überlebenden der Pest von 1577 stifteten zum Dank diese Kirche, deren Bau dann Palladio übernahm. Mit einer jährlichen Prozession wird an dieses Gelübde erinnert. Vor der Kirche wird aus Pontons eine Brücke über den Canale della Giudecca gelegt, damit die Prozession trockenen Fußes abgehalten werden kann. Das eigentliche Fest jedoch findet am Samstagabend statt: knapp 200 000 Venezianer und Besucher aus dem Veneto strömen über die Pontonbrücke auf die Giudecca, wer ein Boot hat, kommt mit diesem und macht vor dem Ponton in dem sich nach San Marco öffnenden Kanal fest. Die Fußgänger bringen Klapptische und Stühle mit, um sich zu einem Picknick niederzulassen. Ruderboote, Lastkähne, teure Yachten sind mit Bänken und Tischen, die sich unter den verlockend gefüllten Schüsseln biegen, bestückt. Hunderte Lampions leuchten auf dem Wasser, die Ufer des Zattere und der Giudecca erhellen Girlanden mit unzähligen bunten Glühbirnen. Musik dringt aus Lautsprechern, wer kein Plätzchen zum Niederlassen gefunden hat, drückt sich mit der Menge an den Ufern entlang. Wer rechtzeitig reserviert, kann gegen Vorauszahlung bei der Bar Brunato, Giudecca 37, für einen ordentlichen, aber nicht unerschwinglichen Obolus einen Tisch für vier oder mehr Personen reservieren. Wein und Essen dürfen mitgebracht werden, Getränke werden auch ausgeschenkt.

Unglaublich viele Menschen sind unterwegs, aber im Gegensatz zum Münchner Oktoberfest oder anderen großen Festen, wo die betrunkenen Feiernden etwas Beängstigendes haben, ist es nur eng, laut und fröhlich. Gegen halb zwölf kommt der Höhepunkt, ein fast einstündiges Feuerwerk vor San Marco, gleichzeitig gezündet auf vier Schiffen, fulminant und atemberaubend, je nach Standort im Qualmnebel im wahren Sinn des Wortes. Während des Feuerwerks sind Lampions und Lichterketten verloschen. Auf der großen Wasserfläche des Bacino di San Marco spiegeln sich nur die Kaskaden der Feuerwerkskörper.

Später, von diesem Ereignis noch ganz benommen, tuckern die Venezianer mit ihren Booten in die Dunkelheit der Lagune. Sie fahren hinüber zum Lido, um an dessen breiten Stränden bis zum Morgengrauen zu feiern.

Isola di San Giorgio

Die Lagune

Vergnügungen am Rande

In der Lagune

Vor Santa Maria della Salute sammelt sich eine aufgebrachte Menschenmenge, teils zu Fuß, teils in kleinen und großen Booten. Ein Pfeifkonzert übertönt das Mittagsläuten. Auf den zweiten Blick fällt auf, daß fast nur Männer auf den Beinen sind. Den farbigen Transparenten ist auch der Grund der Empörung zu entnehmen: Die Regionalregierung will die Jagd in der Lagune beschränken und trifft damit einen venezianischen Lebensnerv.

Nicht Venetien, dessen schneebedeckte Berge an klaren Tagen von Castello aus zu sehen sind, ist das eigentliche Umland der Stadt, sondern die Lagune. Hier wird gejagt und gefischt, auf den Laguneninseln wird Gemüse und sogar Wein angebaut. Auf den Sandbänken wird an sommerlichen Wochenenden mit der ganzen Großfamilie ein Picknick veranstaltet. Und am frühen Abend ziehen auch wochentags zahlreiche Ruderer ihre Bahn durch die vielen *valle* der Lagune.

Die Lagune ist, trotz allen Industriedrecks und anderer Störungen durch Menschenhand, eine Oase der Einsamkeit und der Ruhe, unberührte und größtenteils schwer zugängliche Wildnis. In Venedig verschmelzen Vergangenheit und Gegenwart, in der Lagune verstärkt sich der Eindruck, daß Zeit und Raum ihre eigenen Wege gehen.

Es gibt verschiedene Möglichkeiten, die Lagune kennenzulernen. Die einfachste ist, mit dem Actv, der alle bewohnten Inseln anfährt, eine Route zusammenzustellen. Die Cooperativa Limosin Marghera bietet immer wieder geführte Exkursionen in die Lagune an, hierüber informiert das Fremdenverkehrsamt, Azienda di Promozione di Venezia.

Eine sehr reizvolle Variante ist es, sich selber ein Boot zu mieten, das geht bei der Firma Brussa, Cannaregio 331. Hierfür sollte man allerdings einige Erfahrung im Steuern von Booten haben. Für Touren durch die Lagune ist außerdem ein Kanister mit Ersatzbenzin und vor allem ein Paddel für den Notfall zu empfehlen, der Vermieter selber liefert diese »Versicherung« nicht automatisch mit. Ebenso wichtig ist eine Seekarte, da die Lagune nur auf bestimmten Fahrstraßen schiffbar ist, überall sonst tun sich laufend flache Sandbänke auf. Ein solches Kartenblatt bekommt man in der Buchhandlung Sansovino, San Marco 84.

Salzwiese, *barena*

Die dritte Möglichkeit, weniger für Abenteurer, als für Leute, die Ruhe suchen, ist in der Lagune selbst zu wohnen. Das ist vor allem ein Tip für die Sommermonate, da die langen Bootsfahrten nur bei warmer Witterung ein Vergnügen sind. In den Wintermonaten sind sie hinter den beschlagenen Scheiben des Vaporettos, nicht nur für den Einheimischen, sondern auch für den Fremden fast so langweilig wie S-Bahnfahrten.

Torcello

An Herbsttagen, wenn die fahle Sonne von der beginnenden Dämmerung eingeholt wird und der aufkommende Nebel die Insel verschluckt, ist Torcello ein einsamer und verlassener Ort. Es ist völlig unvorstellbar, daß hier im frühen Mittelalter Zigtausende Menschen lebten.

Vom Bootsanleger führt ein schmaler Weg an einem Kanal entlang ins Innere der Insel, links und rechts Felder. Die Luft ist naß und schwer, sie dämpft alle Geräusche. Die aufsteigenden Schwaden eines Laubfeuers mischen sich mit dem Rauchgeruch des Kaminfeuers des vereinzelten Hauses, dessen Konturen man nur ahnen kann. Hinter einer Brücke öffnet sich das Gelände und die freundlichen Lichter der *Locanda Cipriani* heißen einen willkommen. Man betritt das ehemalige Bauernhaus und findet sich in einer behaglichen, holzgetäfelten Halle. Ein großer Kamin, grobe Eichentische und Stühle laden zum Verweilen, bei einem *caffè*, einer bittersüßen *cioccolata*, in der fast der Löffel steht, und einem Stück Kuchen. Es ist auch der richtige Ort für ein Glas Wein oder einen Sherry. Bar und Restaurant sind nur im Januar geschlossen.

Hinter der Locanda zeichnen sich die Umrisse der frühchristlichen Basilika *Santa Maria Assunta* und des benachbarten achteckige Märtyrergrabs *Santa Fosca* ab. Im Zwielicht eines Winterabends ist die Ausstrahlung dieser Kirchen surreal und mystisch. Ein paar Katzen stromern durch die

Dämmerung auf Torcello

Ruinen eines Baptisteriums. Der Campanile verliert sich im Nebel. Hinter den Säulengängen eröffnet sich in warmes Licht getaucht die Vorhalle und der Chor von Santa Fosca. Santa Maria Assunta ist abweisender, nur aus kleinen, hohen Seitenfenstern kommt ein Lichtschein.

Torcello war bereits römische Siedlung. Im 7. Jahrhundert verlegten Flüchtlinge vom Festland ihren Bischofssitz auf die Insel, und Torcello wurde so zu einer der ersten großen Ansiedlungen in der Lagune. Schließlich war es aber Rialto, das zum politischen Zentrum der Region wurde und aus dem sich Venedig entwickelte. Als im 17. Jahrhundert die Umleitung der beiden Flüsse Sile und Dese die Insel versumpfen ließ und Malaria sich ausbreitete, wanderten auch die letzten Bewohner nach Venedig ab. Einzige Zeugen der einstigen Größe sind zwei der schönsten Kirchen der Lagune.

Die ältesten Mauern von Santa Maria Assunta gehen auf das Jahr 639 zurück. Was wir heute sehen, ist jedoch im Wesentlichen das Resultat einer Erweiterung 1008 durch Orso Orseolo, Bischof und Dogensohn. Der Reiz dieser Basilika aus unverputztem Backstein liegt in ihrer großen Schlichtheit. Die drei Schiffe überspannt ein gewaltiger offener Dachstuhl. Strahlend die drei Mosaiken. In der rechten Seitenkapelle ein segnender Christus in Gesellschaft der Erzengel Gabriel und Michael. Dieses ist das älteste der Mosaiken, im 11. Jahrhundert vollendet. Die drei Figuren, vor allem die beiden Engel, haben eine fast rührende Ausstrahlung, das klare, goldene Halbrund verleiht der Szene eine leuchtende Heiterkeit. Die Jungfrau mit dem Kind, die erst im 12. Jahrhundert entstand, ist stilisierter und lebloser, technisch vollendet, aber ihr fehlt der Charme. Das Mosaik an der Fassadeninnenseite stellt das Jüngste Gericht dar. Und wie häufig in frühchristlichen Abbildungen, sind es vor allem die heidnischen Elemente, die begeistern: die Anschaulichkeit des Bösen, Schlangen, die sich durch Totenköpfe winden, menschenfressende Löwen und Elefanten, die Qualen des Höllenfeuers.

»Die Verdammten«,
Santa Maria Assunta,
Torcello

»Das Jüngste Gericht«, Santa Maria Assunta, Torcello

Das Schönste dieser Kirche ist der Fußboden, ein aufwendig in verschiedenen geometrischen Mustern angelegter Marmorboden – in Jahrhunderten blankgeschliffen. Wenn die Sonne am Spätnachmittag schräg durch die Fenster fällt, werden Farbe und Struktur lebendig. Die geschickte Ausleuchtung der Kirche läßt ihn aber auch nach Einbruch der Dunkelheit noch strahlen.

Gegenüber der Kirche liegen zahlreiche verstreute Säulen, Reste von Kapitellen, verwitterte Tröge weisen den Weg zum *Museo dell'Estuario.* Es zeigt eine überschaubare, schön präsentierte Sammlung römischer Ausgrabungen und der Überreste des einst so großen und prächtigen Torcello.

Im Herbst und Winter besticht die Abgeschiedenheit der Szenerie. Im Sommer ist Torcello nicht minder reizvoll. Auch hier empfiehlt sich der Spätnachmittag, wenn die meisten Besucher die Insel bereits wieder verlassen. Will man jedoch das Museum noch offen finden, muß man vor 16 Uhr da sein. Santa Maria Assunta schließt um 17 Uhr.

Der *bellini,* Pfirsichmus mit Spumante aufgegossen, ist eine Erfindung des Hauses Cipriani. Woanders getrunken bereits ein großer Genuß, ist er hier, vor der Locanda, an einem der Holztische im Halbschatten der Pergola, mit Blick auf Brunnen und Kanal, der perfekte Aperitif. Das gute, wenngleich nicht ganz billige Essen wird am Rande eines üppigen Bauerngartens serviert. Der Weinkeller verfügt über ein verführerisches Angebot, das wiederum vergleichsweise preiswert ist.

Das Weinglas beschlägt durch die Resthitze des Tages, der Gartensprenger wässert die Blumenpracht und das Gemüse, das im Garten der Locanda angebaut wird. Es riecht nach nasser Erde. Die letzten Sonnenstrahlen lassen die Kathedrale Santa Maria Assunta erstrahlen. Nur eine Mauer trennt den Garten von ihrem weithin sichtbaren Campanile und ihrem eindrucksvollen Kirchenschiff.

Der wahre Luxus ist es, sich in der Locanda einzuquartieren. Das ist möglich von März bis einschließlich Allerheiligen und

Locanda Cipriani auf Torcello

nicht teurer als in einem Hotel der gehobenen Mittelklasse in Venedig selbst. Gerade für den Reisenden, der öfter mal nach Venedig kommt, eröffnet diese Basis ganz neue Erfahrungen. Dafür sollte man allerdings die Abgeschiedenheit lieben und die Muße haben, zweimal am Tag eine knappe Stunde Vaporetto zu fahren, um sich auch in Venedig umsehen zu können.

Der Vaporetto fährt in beide Richtungen bis spät am Abend, und was Gasthäuser anbetrifft, so gibt es in Torcello, Burano oder Mazzorbo noch andere Möglichkeiten.

Mazzorbo und Burano

Auf *Mazzorbo,* der Nachbarinsel von Torcello und nächste Haltestelle, befindet sich die *Antica Trattoria alla Maddalena* der Familie Simoncin. Die Trattoria, in einem hübschen roten Haus, liegt direkt am Bootsanleger, und ist gleichzeitig Bar und Tabacchi. Im Winter sitzen hier die Einheimischen und spielen Karten, wer kommt oder fährt, schaut kurz vorbei, erzählt die letzten Neuigkeiten und trinkt einen Schluck. Hinter der Bar liegt der Gastraum, zwei Enten auf dem Kamin, der leider nur noch Schmuckfunktion hat, weisen auf das eine Standbein dieser Küche hin: Enten und anderes Federwild aus der Lagune. Die Tagliatelle mit dem Entenragout suchen ihresgleichen. Hervorragend auch die gemischten Fischvorspeisen, hier vor allem das Mus aus Stockfisch, *bacalà mantecà*. Das Essen und die Atmosphäre sind ländlich, hier zeigt sich die alltägliche Bedeutung der Lagune als Jagdrevier und man kann verstehen, daß die Venezianer hier keine Einschränkung hinnehmen wollen.

Im Sommer kann man unter einer schattigen Pergola mit Blick auf den Kanal Fisch und Gemüse essen. Gegenüber kann man einen Bauern bei der Arbeit beobachten, größere Kähne, der Vaporetto, und ein mit dem Ruderboot übersetzender alter Mann ziehen vorüber. Ab und an kommen Radfahrer den Uferweg entlang. Nach dem guten Essen und etwas dösig vom Wein, zum Schluß noch ein Glas *fragolino*, kommt der Wunsch auf, hier zu bleiben oder zumindest häufig wiederzukehren. Von Mazzorbo führt eine hölzerne Brücke nach Burano.

Burano bietet eine weitere Übernachtungsmöglichkeit in der Lagune, die *Locanda Raspo de Ua*. Das kleine Haus an der Piazza Baldassare Galuppi ist allerdings eine sehr einfache Unterkunft.

Galuppi, auch Buranello genannt, war im 18. Jahrhundert einer der wichtigen Komponisten der Opera buffa. Die putzige und heitere Atmosphäre Buranos könnte die Kulisse einer seiner komischen Opern sein. Es ist durchaus beschaulich, an den kleinen Kanälen entlang zu schlendern, den Fischern vor den kunterbunten Häusern zuzuschauen, wie sie ihre Netze zum Trocknen aufhängen oder sie geschickt flicken. Tagsüber, wenn die Touristen kommen und vor jedem zweiten Haus Spitzen und andere Souvenirs angeboten werden, ist der Charme etwas gebrochen. Am frühen Abend jedoch, wenn die Buranesi wieder weitgehend unter sich sind, ist es auf dieser Insel besonders lebhaft. Nicht nur im Sommer, sondern auch mitten im Winter sammeln sich auf der zentralen Piazza junge und alte Männer, hier und dort stehen die Frauen und dazwischen schlendern Paare. Zentren der Geselligkeit bilden sich vor und in den Bars und vor dem Büro des P.C.I. Lange nicht jeder, der hier lebt, kann sich auf der Insel auch seinen Lebensunterhalt verdienen, viele pendeln nach Mestre und Marghera und nehmen lange Wege auf sich, um abends wieder hierher zurückzukehren.

Ursprünglich war Burano eine Hochburg der europäischen Nadelspitzenherstellung, *merletti*. Die Nadelspitze entwickelte sich im 16. Jahrhundert aus der Stickerei. Aus der Hohlsaum- und Durchbruchtechnik entstanden durch das Abnähen ausgezogener Fäden eines vorhandenen Gewebes immer filigranere und kunstvollere Gebilde. In Burano wurde die Ausbildung der Spitzenstickerinnen institutionalisiert, um die große Nachfrage bedienen zu können. Gleichzeitig entwickelte sich vor allem in Frankreich und Belgien eine starke Konkurrenz, zum Teil auch mit anderer Technik, der Klöppelspitze, die sich für die maschinelle Entwicklung besser eignete. Im 18. Jahrhundert verlor die Spitze aus Burano zunehmend ihre Bedeutung. Ende des letzten Jahrhunderts jedoch lebte dieses Handwerk wieder auf. Um die Jahrhundertwende beschäftigten mehrere Manufakturen an die 5000 Arbeiterinnen. Die Handarbeit nahm einen industriellen Maßstab an, die Frauen ruinierten sich Kreuz und Augenlicht für einen Hungerlohn. Die zunehmende Verelendung ließ Burano zu einer Hochburg der Kommunisten werden.

Canottieri beim Training

Die billige Spitze wurde einerseits zum gefragten Exportartikel, andererseits wurde damals bereits am Markusplatz in den Prokuratien ein Geschäft eröffnet, in dem mehr oder minder grobe und billige Spitzen als Souvenirs verkauft wurden. Das Spitzendeckchen aus Venedig ist also keineswegs erst in den fünfziger Jahren auf diversen Wohnzimmertischchen als Erinnerung an

Mazzorbo

ein paar schöne Tage oder als Trost für die Daheimgebliebenen gelandet.

Heute wird auf Burano in den Andenkenläden Spitze angeboten, die teilweise in Asien maschinell hergestellt und importiert wird. Es werden auf Burano aber immer noch echte Spitzen hergestellt, von wenigen Stickerinnen, die die alte Kunst noch beherrschen. Diese haben sich zu einer Kooperative zusammengeschlossen, der *Scuola dei Merletti di Burano,* Piazza Galuppi.

In den Räumen der Scuola ist auch ein kleines Museum. Hier kann man alte Spitzen, Dokumente und Musterbücher sehen, im Hauptraum des schönen Palazzo lassen sich die Frauen auch bei der Arbeit zuschauen.

Die Tischdecken beispielsweise, die so entstehen, sind wunderschöne Luxusartikel. Es sind wenige, die von diesen Fertigkeiten noch leben können.

Trotzdem bestimmen Spitzenstickerinnen, die an kleinen, nicht ganz so fein gearbeiteten Teilen sticheln, nach wie vor in Burano das Straßenbild. Sie sitzen in kleinen Gruppen vor ihren Häusern in den letzten Strahlen der Abendsonne und halten vergnügt ihr Schwätzchen, um sie herum spielen Kinder, aus dem Haus schallt der Fernseher. Die Handarbeit ist Zeitvertreib und vielleicht ein kleines Zubrot.

Murano

Torcello ist zerfallen und abgeschieden, Burano ein buntes, malerisches Fischerdorf, Murano ist in zehn Minuten von Fondamenta Nuove zu erreichen und hat ebenso städtischen Charakter wie die Sestieri. Woanders würde man es als einen interessanten, industriellen Vorort oder als Subzentrum bezeichnen.

Murano steht zu Unrecht im Ruf, der Mittelpunkt des verkitschten Venedigs zu sein, zu Unrecht in zweierlei Hinsicht. Murano hat mehr zu bieten als Glas, und auch die Geschichte mit dem Glas entpuppt sich auf den zweiten Blick als etwas anderes als kleine Giraffen und gymnastikübende Weihnachtsmänner aus bunten Glasfäden oder gar rosa und hellblaue Lüster.

Sich auf Murano ein, zwei Tage rumzutreiben ist höchst lohnend. Alle in Venedig lieb gewordenen Gewohnheiten lassen sich auch hier befriedigen. Hier ein *tramezzino*, dort *un'ombra*, mittags eine gute Fischlasagne auf einem schönen Campo und gleichzeitig Neuland entdecken.

Wenn man Murano richtig kennenlernen möchte, lohnt es sich, nicht am ersten Halt Colonna auszusteigen, sondern erst einmal mit dem *motoscafo* um die Insel zu fahren zum Anleger Museo oder Faro. Colonna im Süden der Insel ist nur einige Minuten von dem weiter östlich gelegenen *faro*, Leuchtturm entfernt. Das Boot umrundet jedoch den Westen der Insel, bevor es durch den Canale degli Angeli wieder in den Süden fährt. Entlang geht es an zerfallenen und aufgelassenen oder auch intakten und benutzten, langgestreckten Ziegelbauten, den Rückseiten der Glasfabriken. Diese liegen größtenteils am Rio dei Vetrai, dem Kanal der Glasbläser, der am Anleger Serenella rechts abzweigt.

Diese Industriearchitektur nimmt ab, je weiter man nach Westen kommt. Man blickt in Gärten auf Sacca Seranella, der Nebeninsel. Dann kommen Neubaugebiete, und man hat Einblick in das Gelände von Werften und kleinen Handwerksbetrieben. Nähert man sich im Hauptkanal wieder dem Zentrum, stößt man auf reizvolle und weniger reizvolle Wohnhäuser und eine belebte Geschäftigkeit, Restaurants und Bars, links ein wunderschöner altmodischer Kiosk, viele Läden, die wenigsten davon Souvenirgeschäfte, in der Mitte des Kanals verbindet der Ponte Longo den Süd- und den Nordteil der Insel. Will man den Nordteil der Insel zuerst erkunden, kann man am Halt Museo

Sanierungen am Canale di San Donato, Murano

aussteigen. Museo meint das Museo Vetrario im Palazzo Giustinian, dessen Besuch sehr lohnend ist, und das im nächsten Kapitel, das sich mit der Glasbläserei beschäftigt, beschrieben wird.

Basilica Santi Maria e Donato

Großzügig liegt der rote, romanische Ziegelbau mit dem einzeln stehenden schiefen Campanile am Ufer des Canale di San Donato. Das harmonische Halbrund der Apsis mit den beiden übereinander liegenden Arkadengängen ist zum Kanal gerichtet. Von hier, vom Wasser aus, sollte man als erstes die ganze Pracht dieser Basilica betrachten. Die schönste Perspektive hat der Fußgänger von der gegenüberliegenden Brücke oder vom anderen Ufer, bei entsprechendem Wetter spiegelt sich die Anlage im Kanal.

Das Innere dieser im 12. Jahrhundert gebauten Basilika ist schlicht. Aufregend und begeisternd ist der marmorne Mosaikboden. Über die Jahrhunderte war der Boden aufgeworfen und von der Zerstörung durch das Hochwasser bedroht. In den siebziger Jahren wurde das ganze Mosaik abgetragen, mit einem Betonfundament versehen und Stück für Stück wieder zusammengesetzt. Das Geduldsspiel hat sich gelohnt. Dieser Boden von Santi Maria e Donato erinnert in seiner Pracht an die Mosaiken von San Marco. Zu sehen sind wunderbare Ornamente und fabulierende Elemente, zwei Hähne tändeln mit einem gefesselten Fuchs, an anderer Stelle die Fragmente eines Grillenpaares. Im Unterschied zu San Marco kann man hier ungestört umherschlendern und schauen, häufig ist man ganz allein in dieser Kirche.

Geht man über die Brücke und hält sich ein wenig links, so versteckt sich hinter einem langen Durchgang mit Terazzoboden eine unauffällige Bar mit einem wunderschönen Garten auf der Rückseite. An langen verwitterten Steintischen sitzen ein paar Männer im Schatten der Bäume und spielen Karten. Hier kann man mit *tramezzini* und *cichetti* den halben Tag vertrödeln.

Trattoria Busa alla Torre

Ein paar Tische und Sonnenschirme einladend mitten auf dem Campo Santo Stefano. Ein Täuberich jagt hinter einer Taube her, die anderen Tauben picken rund um den *pozzo*, den Brunnen, nach ein paar Krümeln oder sitzen gurrend auf den Simsen des Kirchturms. Durch den Rio dei Vetrai tukkert ein Boot. Die Sonne steht hoch, die Wärme macht träge.

Dies ist ein Platz für ein leichtes Mittagessen – und nur für ein Mittagessen, abends hat die Trattoria geschlossen. Wie fast überall auf den Laguneninseln werden hier aus dem jungen, frischen Gemüse von Vignole oder Sant'Erasmo und allerlei Fisch und Schalengetier, leckere *primi*, Pasta oder Risotto, und *secondi*, Hauptgerichte, aufgetischt.

Einheimische Stammgäste und Fremde lassen es sich hier schmecken, die Italiener bei einer Karaffe Wein und *acqua minerale senza gas*, ohne Kohlensäure, die Touristen bevorzugen es mit Kohlensäure, *con gas*, oder bestellen gleich ein Bier, *una birra*.

Während der Gast immer fauler wird, kommen die freundlichen Kellner aus der Kühle des schönen Gastraums geflitzt, bringen Speis und Trank und verschwinden mit

Werft auf Murano

Trainingsanlage der *canottieri* auf Murano

den Resten ebenso schnell wieder durch die breite alte Glastür.

Die Sicht auf den Kanal im Norden ist verdeckt durch die Mauer eines langgezogenen, flachen Gebäudes. Am Ende, kurz bevor die Gasse anfängt, ist eine Tür. Kurioses kann sehen, wer diese offen findet.

Der Ruderclub Muranos, eine sportlich wie gesellig wichtige Einrichtung, hat hier seinen Sitz. Linkerhand in der großen Halle lagern die *canottieri* ihre Boote und auch ein paar Rennräder. Der Raum, teilweise mit grünlichem Glas oder Plastik gedeckt, liegt im Halbschatten. Das Licht ist dumpf, wie in einem Aquarium. Durch ein offenes Tor klingt das Schmatzen des Kanals, der an den Fundamenten leckt. In der rechten Hälfte der Halle haben sich die Ruderer eine grandiose Trainingsanlage gebaut. Leicht erhöht ein Doppelbecken. Türkis-blau-bunt gefaßt mit kleinen Mosaikkacheln. Auf der Stirnseite mehrere große Spiegel, in der Mitte eine Ruderanlage, die Ruderblätter angedeutet. Während man schaut und staunt, von draußen dringen gedämpfte Geräusche in diese blaue Grotte, trudeln die Clubmitglieder ein. Zwei von ihnen holen ein Boot und lassen es außerhalb des Blickfeldes mit einem Platsch zu Wasser. Ein erschöpfter Rennradler bringt seine Maschine zurück, putzt und spielt ein wenig an ihr herum. Wo war er Radfahren? Auf dem Lido? Ein junger Mann kommt herein, bleibt beim Radler stehen und redet kurz mit ihm, während er lässig mit seiner großen Sporttasche schlenkert. Dann geht er zur Ruderanlage, wechselt die Schuhe, stemmt demonstrativ ein zwei Gewichte, strampelt fünf Minuten auf einem etwas angejahrten Radtrainingsgerät, ein Handtuch locker über die Schultern geworfen. Und legt sich dann kräftig in die Riemen.

Glas

Schlendert man auf Murano vom Campo Santo Stefano nicht zum Rio dei Vetrai, sondern nach Osten, Richtung Fondamente Colleoni und dann ums Eck, Fondamente San Giovanni dei Battuti hinunter, reiht sich Glasbläserei an Glasbläserei. Große Gelände, alte Hallen und verwinkelte Lagerräume, einige ein wenig heruntergekommen. In den Höfen Berge zerbrochenen Glasabfalls zwischen Säcken voll mit Styroporchips, allerlei Sand und Kalkberge. Vor den Wänden blühen Rosen und Oleander, hinter einem geschwungenen Tor liegen rosa und orangefarbene Blüten und lindgrüne Blätter aus Glas in der Größe von Gartenmöbeln, teilweise zerbrochen, auch Ausschuß.

Hier hinten finden sich die Fabriken, die nicht vom Touristengeschäft leben, auch wenn sie teilweise Läden haben. Diese Manufakturen stellen arbeitsteilig Lüster und anderen Raumschmuck, zum Teil als unmittelbare Auftragsarbeit, für den Export her. Häufig bläst ein Glasbläser tagaus, tagein das gleiche Lüsterteil.

In der ersten Halle, ziemlich finster, glutrot die Schlünde der Öfen, riecht es einladend nach Pesto. Schnell haben sich die Augen an das Dämmerlicht gewöhnt. Hier wird gerade nicht gearbeitet, die Glasbläser sitzen um einen großen Tisch, in der Mitte eine dampfende Schüssel Spaghetti.

In der nächsten Fabrik, ein kleinerer Arbeitsraum mit nur einem Ofen und zwei Arbeitern. Gerne lassen sie sich zusehen, ein Schüsselchen fürs Trinkgeld steht bereit. Sie erklären genau,was sie machen und zeichnen es zur Veranschaulichung mit Kreide auf.

Ein bißchen weiter eine große Produktionsstätte, die Halle moderner, lichter, vor jedem Ofen mehr Platz und weniger Unordnung. Durch Oberlichter fällt die Sonne. Auch hier wird nicht um Zaungäste geworben, wer jedoch eintritt und zusieht, ist willkommen, solange er dem Glasbläser und der Glut nicht zu nahe kommt.

Glas ist eine Mischung aus geschmolzenem Silikat, also Kieselsäure, das kann Quarzsand oder anderer Sand sein, und Alkali, Natron oder Kali, das als Flußmittel zugesetzt wird um den hohen Schmelzpunkt des Silikats zu senken. Um Festigkeit zu erreichen, muß dann noch Kalk oder Bleioxid zugeführt werden. Leichter läßt sich dieses Gemisch schmelzen, wenn auch noch Glasscherben darunter gemischt werden. Bei 1400 °C bis 1600 °C wird diese Mischung geschmolzen, wobei in der kochenden Menge unzählige Bläschen hochtreiben. Um diese und die Verunreinigungen aus der Masse herauszubekommen, wird das Ganze mit einem wassergetränkten Holzstößel in Wallung gebracht, dieser Vorgang heißt im Deutschen »bülwern«. Das verdampfende Wasser treibt die Blasen nach oben. Den gleichen Zweck kann auch Arsenik, das bei der Hitze sofort gasförmig wird, oder eingeleiteter Wasserdampf erfüllen. Nachdem das Gemenge so geläutert wurde, muß es abstehen, damit sich die Schlieren am Boden des Hafens, des Schmelzofens, absetzen können. Wenn die Masse auf etwa 1250 °C abgekühlt ist, kann mit ihr gearbeitet werden. Sie läßt sich nur kurze Zeit gut bearbeiten, dann ist sie zu sehr abgekühlt, weswegen meistens in Gruppen geblasen und geformt wird. Mit seiner Pfeife, dem rotglühend erhitzten Rohr nimmt der erste Glasbläser die zähflüssige Masse aus dem Schmelzofen auf. Abgestützt wälzt er den Glasposten in einer Form zu einer Kugel. Dann bläst er die Vorform, den »Külbel«. Dieser wird in einem weiteren Vorgang zum Vorprofil geblasen, wobei die Pfeife ständig gedreht werden muß, damit sich die Form durch die Schwerkraft nicht verzieht.

Mit Hilfe von Zangen kann das Glas eingekniffen, gebogen und gezogen werden. Um das Gefäß zu öffnen wird mit der Zange die Spitze entfernt und der Rand geöffnet oder das Gefäß erweitert. Ein Kollege bringt

»Spuma di Mare«, Ercole Barovier, 1942

Stiele, Füße und Henkel an. Wenn einer der Vorgänge zu lange dauert, kommt das Werkstück nochmal in den Hafen. Ausgekühlt wird in einem Spezialofen.

Das verwendete Werkzeug ist einfach und seit Jahrhunderten gleich. Die Kunstfertigkeit besteht in einem guten Augenmaß, Geschick und jahrelanger Übung.

Sehr dünnwandiges und vor allem klares Glas, *cristallino,* war das Geheimnis der venezianischen Glasproduktion vom 15. bis zum 17. Jahrhundert. Bedeutende Handwerker waren die Glasbläser bereits im Mittelalter. Mitte des 13. Jahrhunderts wurden sie wegen der Feuergefahr und zur Abschirmung ihres Wissens nach Murano verbannt.

Glasbläser durften Venedig nicht verlassen, waren aber mit vielen Privilegien ausgestattet. Wer trotzdem floh, wurde verfolgt und umgebracht. Auf Dauer waren die Geheimnisse allerdings nicht zu wahren.

Von Generation zu Generation wurden die Schmelzverfahren und Techniken immer mehr verfeinert, gleichzeitig schmorten die venezianischen Glasbläser in ihrem goldenen Käfig auf höchstem Niveau im eigenen Saft. Es fehlten die Anregungen von außen, Stile und Moden gingen an ihnen weitgehend vorbei oder fanden zu spät Eingang in die Produktion. Französische, flämische und böhmische Hütten liefen den Venezianern im späten 17. Jahrhundert den Rang ab. Einige Bereiche, wie die Spiegel- und Lüsterproduktion, florierten auch im 18. und 19. Jahrhundert.

Erst Ende des 19. Jahrhunderts tauchten auf den Weltausstellungen Arbeiten Antonio Salviatis auf, die den Beginn einer neuen Ära markieren.

Barovier & Toso

Giovanni Barovier und seine Neffen Giuseppe, Benvenuto und Benedetto Barovier waren an dem Erfolg Antonio Salviatis auf den Weltaustellungen in Paris 1867 und Wien 1873 als Designer und Meisterglasbläser entscheidend beteiligt. Alte Techniken wurden belebt, neue Entwicklungen aufgenommen. Die festgefahrene Muraneser Glasbläserkunst nahm einen neuen internationalen Aufschwung. Die Fratelli Barovier machten sich mit einer eigenen Manufaktur selbständig. Benvenuto nahm im auslaufenden 19. Jahrhundert Ideen des Jugendstils auf, sein Sohn Ercole orientierte sich bereits ab 1913 am schlichten Gebrauchsdesign der Deutschen Werkstätten und perfektionierte bis in die fünfziger Jahre raffinierte, technisch extrem ansprúchsvolle, formal jedoch sehr sachlich gehaltene Objekte.

Der Firmensitz am Fondamenta Vetrai 28, dessen Schaufenster nur bedingt offenbaren, auf welche Traditionen dieses Haus zurückblickt, birgt ein begeisterndes Museum. Hier sind die Arbeiten Benvenuto und Ercole Baroviers und die all der anderen Künstler, die in diesem Jahrhundert für die Firma gearbeitet haben, in einem wunderbar ausgeleuchteten Raum unter dem offenen Dachstuhl ausgestellt. Die Sammlung gibt einen guten Überblick über die formale Entwicklung dieser Firma und einen Einblick in die enorm vielfältigen Techniken und Farbspiele der Glasbläserkunst. Dieses eher unbekannte Museum, das nur mit einem bescheidenen Hinweisschild auf sich aufmerksam macht, hat keine durchgehenden Öffnungszeiten, vormittags ist von 10 bis 11 Uhr eine Besichtigung möglich, nachmittags von 15 bis 16 Uhr. Da man häufig der einzige Besucher ist, sollte man sich telefonisch oder im Vorbeigehen anmelden.

Venini

An dieser Adresse, Fondamenta Vetrai 50, kann man leicht vorbeilaufen, kein Ladengeschäft, eine große verschlossene Tür. Nur in kleinen Fenstern ausgestellte Objekte in den klassischen, klaren Veninifarben geben einen Hinweis darauf, was sich hinter den Mauern des Palazzos verbirgt. Wer klingelt, wird freundlich eingelassen in diese Welt des modernen Designs. Erstaunlich der Eingangsbereich, mit Brücken und Treppenlösungen in Beton und Eisen, elegant und edel vom Interieur bis zu den Damen, die den Verkauf betreuen.

Großzügig in den lichten Räumen verteilt die Ausstellungsstücke. Fröhliche Bonbonfarben, schlichte Formen, dazwischen auch ein bißchen Kitsch. Zu sehen sind Objekte von Ettore Sottsass, Alessandro Mendini, Tapio Wirkkala und anderen zeitgenössischen Künstlern. Besonders schön die Entwürfe von Carlo Scarpa, Architekt und Designer, der dem Hause Venini besonders verbunden war. Scarpa hat für Venini nicht nur Glas entwickelt, sondern ganze Installationen von Messe- und Ausstellungsauftritten. Auffällig an Scarpas Objekten ist das matte, geschlossene Glas, das teilweise an von Sand und Brandung geschmirgelte Porzellanscheiben erinnert, die man am Strand finden kann. Schwarzes und weißes Glas läßt die bevorzugten Farben Rot und Grün kräftiger wirken. Scarpa hat bereits Ende der dreißiger Jahre Formen und Farben verwendet, die wir mit dem Design der fünfziger Jahre assoziieren. Alle Objekte sind Serienproduktion und käuflich, die Preise liegen allerdings bei den meisten Stücken bei mehreren tausend Mark.

Essenspause bei den Glasbläsern

Vetreria Fratelli Toso

Diese Manufaktur an der Fondamenta Colleoni 7 liegt ein wenig abseits. Wenn man sich unbefangen in den Sortimenten der meisten anderen Glasbläser umschaut, so trifft man überwiegend auf Scheußlichkeiten. Hier stehen im kleinen Schaufenster unspektakuläre, farblich harmonische und schlichte kleine Vasen. Das kleine Geschäft vorne ist meistens verschlossen. Tritt man durch das Tor, kommt man links in den Packraum, in dem die Ware exportfertig gemacht wird, und dahinter öffnet sich ein großer Lagerraum. Auf hohen Holzregalen stehen hunderte von Vasen, teilweise formschön und in kräftigen Farbkompositionen, technisch jedoch vergleichsweise einfach. Diese Manufaktur unter der Leitung von Arnoldo Toso ist ein klassisches Beispiel für die Schwierigkeiten, in denen sich die Muraneser Glasbläsereien befinden. Seit 1913 bis in die sechziger Jahre gehörte die Produktion dieser Firma zur Avantgarde Muranos. Doch die enorm aufwendige Produktion, vielfältige Arbeitsgänge, für jede Farbe die Bereitstellung eines eigenen Ofens mit Arbeitern, war zunehmend nicht mehr konkurrenzfähig. Die Herstellung kunstvoller Objekte wurde ersetzt durch eine einfachere, zum Teil modische, gut verkäufliche Produktlinie, zwar immer noch aufwendige Handarbeit, aber weit entfernt von der alten Kunstfertigkeit, Vasen, Gläser, Lampen.

Arnoldo Toso hat oberhalb des kleinen Ladens eine Sammlung der alten Produktion zusammengetragen. Hier ist keine Ausstellung entstanden, sondern ein großes, ungeordnetes Lager. Ihn selber scheint an diesen zum Teil hinreißenden Objekten neben der technischen Aufwendigkeit weniger die Schönheit, als die enormen Summen, die für diese Stücke auf Auktionen erzielt werden, zu beeindrucken. Auf Anfrage zeigt er gerne seine Sammlung.

Museo Vetrario

Im schönen Palazzo Giustinian mit seinem Brunnenhof kann man sich in anregender Atmosphäre einen Überblick über die Geschichte des Glases und über die Produktion auf Murano vom 15. bis zum 19. Jahrhundert verschaffen. Im Erdgeschoß befindet sich die archäologische Glassammlung mit römischen Funden. Im ersten Stock dann als erstes der Raum, in dem auf Zeichnungen die Glasproduktion erklärt wird und Werkproben die einzelnen Techniken illustrieren. In vier schönen Sälen sind kunstvolle Ausstellungsstücke aus vier Jahrhunderten zu besichtigen, zum Teil im Glanz der in Venedig allgegenwärtigen Muranoleuchter. Reizvoll ist der voll eingerichtete Salon mit der bemalten und geschnitzten Decke, den Ahnenportraits und dem gedeckten Tisch.

Am Fondamenta Mani 1 liegt die seit Jahren geschlossene Dependance, die sich mit dem Design der Gegenwart und der industriellen Glasfertigung befaßt. Eine Wiedereröffnung ist angekündigt.

Galleria Marina Barovier

Direkt hinter der Piazza San Marco ist diese Galerie, in der laufend die Werke moderner Glaskünstler ausgestellt werden. Zum Teil kommen diese aus der klassischen Tradition Muranos, wie Lino Tagliapietra, der seine künstlerische Laufbahn als ausgebildeter Glasbläser nahm, zum Teil ist hier im Rahmen der Kunstakademie Venedigs eine eigene Form der Bildenden Kunst entstanden. Künstler wie der Japaner Yoichi Ohira haben sich von den Muranesi in die Kunst des Glasblasens einweisen lassen und entwickeln autodidaktisch neue Techniken und Formen.

Diese Ausstellungen, kleine Werkschauen im Museo Correr oder auch in anderen Galerien, zeigen die neuesten Entwicklungen der Glaskunst. Wer aufmerksam die Plakate in der Stadt studiert, wird so gut wie immer eine interessante Glasausstellung entdecken. Beeindruckend ist die Ausdrucksvielfalt des Werkstoffes Glas, filigran und transparent, matt wie poliertes Holz, opak und farbenfroh oder vielschichtig verschlungen und durchscheinend.

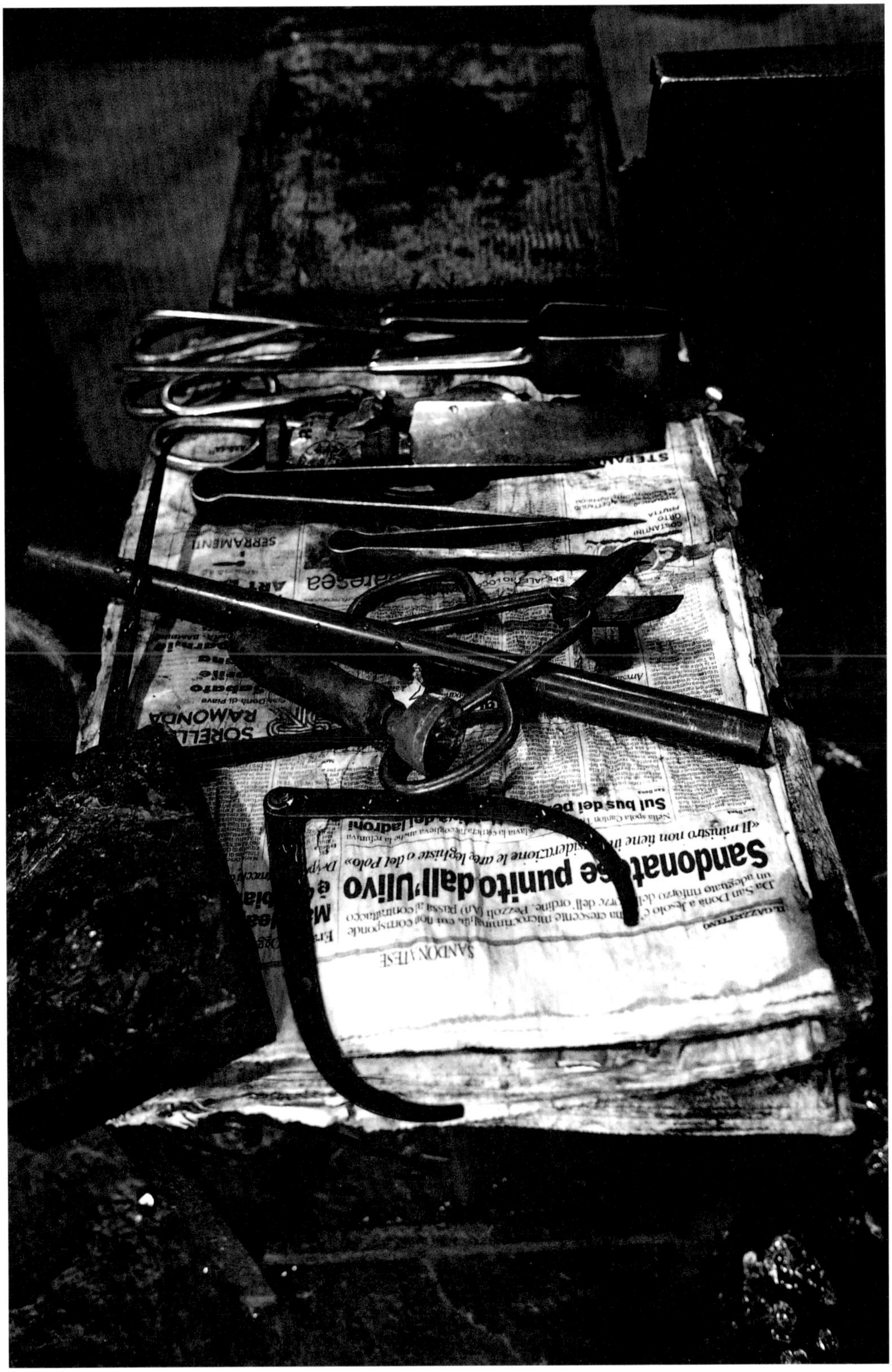

Werkzeug der Glasbläser

Arbeitsteilung in der Manufaktur

»Gondola«
von Lino Tagliapietra,
1997

»Borneo«
von Lino Tagliapietra,
1998

Dachstuhl der Basilika Santa Maria Assunta,
Torcello

Betbänke,
Santa Maria Assunta,
Torcello

Prolog des Giro d'Italia 1997, Lido

Prolog des Giro d'Italia 1997, Lido

Der Süden der Lagune von San Lazzaro aus
gesehen

Wenige Minuten später

Sant'Erasmo

Sant'Erasmo

Der Vaporetto 13, der jede volle Stunde ab Fondamenta Nuove nach Sant'Erasmo fährt, befördert für gewöhnlich nur eine Handvoll Passagiere, auf den Gemüseinseln wohnen nur wenige Menschen. Anders jedoch am Sonntag um 12 Uhr. Da warten ganze Familien, große Gruppen, die sich gut kennen, auf die Überfahrt. Wer rechtzeitig kommt, nimmt schnell noch einen *spritz* an der Bar am Bootsanleger.

Das Boot nähert sich der Anlegestelle, eine kleine Kirche, einige Häuser, ein paar festgezurrte Boote, zwei Trecker. Hier ist nichts los. Zielstrebig wendet sich die Prozession im Sonntagsstaat nach links an der Kirche vorbei, auf eine kleine Straße ins Landesinnere. Die Hitze flirrt über dem staubigen Weg, auf beiden Seiten Gemüsefelder, Artischocken, Auberginen, Stangenbohnen, Wein. Weit und breit kein Haus. Linker Hand noch der Friedhof mit seinen Zypressen. Dann gabelt sich der Weg, von links weht das Gelächter vieler Menschen.

Ristoro Ca' Vignotto, das Ziel der Ausflügler, ist eine ganz altmodische Sommerfrische, zwar in einem modernen Bau und unter modernen sonnengelben Markisen, doch darauf kommt es nicht an. Vier, fünf lange Tafeln biegen sich unter den großen Platten mit Gemüsevorspeisen, Risotto, gebratenen Hühnern und Schweinen, frittierten Fischen, Spargel, Erbsen, Artischocken, den großen Schalen Obstsalat und selbstgebackenen Kuchen. Auch der Wein stammt aus eigenem Anbau, und vor allem der rote, der kalt serviert wird, schmeckt gut. Das Mahl zieht sich bis in den Nachmittag, die Gäste werden immer heiterer. Hier kann man nur auf Voranmeldung essen, und für jeden gibt es das gleiche verlockende und preiswerte Menü.

Anschließend empfiehlt sich ein Spaziergang durch die üppigen Gemüsefelder zum Bootsanleger am südlichen Ende der Insel. Hier findet sich eine Gartenwirtschaft mit vielen Tischen direkt an der Lagune und Blick gen Lido, auch hier gibt es die typischen Gemüsespezialitäten und diverse Fischgerichte. Am Tresen holt sich jeder Essen und Getränke selber. Die meisten kom-

Ca' Vignotto

men mit dem eigenen Boot, essen, spielen Karten, baden, waten im zum Teil nur knietiefen Wasser, der Strand ist sehr schmal. Wer möchte, kann von hier direkt zum Lido übersetzen und das Erlebnis Sommerfrische an dessen breiten Stränden fortsetzen. Auch hier scheint, zumindest am späten Sonntagnachmittag, wenn die Strände sich leeren, die Zeit stehen geblieben zu sein.

Lido

CAMPARI, diese Marke braucht außer ihren eckigen Lettern keinen Slogan, kein Marketing, die Erinnerung an den bittersüßen Geschmack und der Traum einer abendlichen Piazza oder einer Bar am Strand stellt sich von selbst ein.

Von weitem, auch am Tag, heißt der riesige Leuchtschriftzug an der Piazzale Santa Maria Elisabetta den Besucher willkommen auf dem Lido, dem Venedig vorgelagerten Seebad. Der Lido ist mondän, und das ist seit dreißig Jahren nicht mehr up to date. Der Lido ist eine etwas abgetakelte Diva, aber immer noch eine Diva. Mögen Jesolo, Rimini, Cesenatico in den fünfziger und sechziger Jahren ihren Charme gehabt haben, er wurde ihnen gründlich ausgetrieben. Am Lido wurde auch gebaut, nicht immer schön, aber moderat, außerdem sieht es so aus, als wäre die Bautätigkeit auch schon wieder vor zwei, drei Jahrzehnten eingestellt worden. So daß auch hier die Zeit stehen geblieben ist, nur deutlich später als in Venedig. Auf dem Lido gibt es Auto- und vor allem Mopedverkehr. Andererseits kann auch der Reisende sein Auto mit der Fähre herüberbringen und damit auch all die Habseligkeiten, auf die ein moderner Nomade nicht verzichten will oder kann. Das ist sehr bequem, aber nicht zu vergleichen mit dem Reiz, in Venedig zu wohnen. Wer am Lido seine Unterkunft sucht, wird zum Tagesausflügler mit guter Anbindung.

Inbegriff des verblichenen Charmes des Lido, nicht zuletzt durch Viscontis »Tod in Venedig«, ist das Grand Hotel Des Bains, ein Prachtbau am Anfang der Strandpromenade Lungomare Marconi mit großem Garten und gepflegtem Strand. Nicht weniger imposant und deutlich verrückter in der Architektur das Grand Hotel Excelsior, wild gemixt aus maurischen, gotischen und byzantinischen Elementen, ein Stück weiter oben am Lungomare Marconi, näher am Casino. Liebhaber von Grand Hotels schwören auf diese Hotels weniger im Sommer, sondern zu Weihnachten, wo jedes Jahr im Wechsel eines geöffnet hat.

Das Winterlicht schimmert in matten Pasteltönen, bis sich der Nebel über den Strand senkt. Der Strand mit seinen runden Pavillons und Badehäuschen ist aufgeräumt und leer und lädt zu langen Spaziergangen ein. Einheimische Grazien, vermummt im Trainingsanzug, lassen plötzlich die Hüllen fallen und nehmen ein sportliches Bad im Meer. Weiter vorne trabt ein einsamer Jogger.

Wenn man sich ein wenig umsieht, entdeckt man in den kleinen Straßen schöne Villen aus dem Anfang dieses Jahrhunderts, aber auch in mancher Bar sind noch Elemente des Art Deco zu finden. Einige der Villen sind nette Pensionen und kleine Hotels, meistens mit schönen Gärten, nicht alle mit großem Komfort, dafür aber auch nicht so teuer.

Der Lido ist weitläufig, weiter im Süden wird es auch wieder ländlicher. Ebenso wie auf den anderen Laguneninseln gibt es hier auch Gemüseanbau und Gärtnereien. Ganz im Südwesten, in Alberoni, wo auch der Golfclub von Venedig ist, gibt es dann auch einen Agriturismo, *Le Garzette*, Ferien auf dem Bauernhof. In dieser Sommerfrische mit Blick auf die Lagune, kann man nicht nur wohnen, sondern auf Voranmeldung auch Selbstangebautes essen.

Ob man von Venedig einen Tagesausflug auf den Lido macht oder dort wohnt, der Lido ist eine Sportinsel. Direkt an der Piazzale Santa Maria Elisabetta kann man Rader oder ein Rikscha-artiges Gefährt mieten, das man zu zweit fahren kann. Der Lido und das sich anschließende Pellestrina, wohin man mit der Fähre übersetzen kann, sind aber auch lang genug, um hier mit dem Rennrad zu trainieren. Auf dem Lido werden sogar unter großer Teilnahme der Bevölkerung Radrennen ausgetragen. 1997 begann hier der Giro d'Italia. Der Strand ist ein Paradies für Jogger.

Wer einfach nur einen faulen Tag am Strand verbringen will, ist auf dem Lido auch gut aufgehoben. Der Strand ist weit, sehr gepflegt und nicht überlaufen. Es gibt öffentliche Badeplätze, man kann sich aber auch in den Sektionen mit den Badehäuschen und den Liegestühlen einen Tag einmieten. Die Strände, die zu den großen Hotels gehören, sind teuer. Der Rest ist

Lido im Winter

erschwinglich. Wer am frühen Abend noch schnell ein Bad nehmen will, der kommt auch ohne zu zahlen in diese Bereiche.

San Lazzaro degli Armeni

Anfang des 18. Jahrhunderts gewährte Venedig armenischen Mönchen, die bereits als Flüchtlinge von den Türken vom Peloponnes vertrieben waren, auf dieser dem Lido vorgelagerten Insel Asyl. Im Mittelalter war hier ein Krankenhaus für Leprakranke. Der

San Lazzaro, Blick aus der Klosterdruckerei

Schutzpatron der Aussätzigen ist der heilige Lazarus. So kommt das »Lazarett« zu seinem Namen. Noch heute schimpfen die Mönche darüber, daß die Venezianer ihnen nur diese verwahrloste Insel gegeben haben, wo sie erst einmal mühsam Land gewinnen mußten, um die Klosteranlage, so wie sie heute steht, bauen zu können. Wer seinen Asylanten nur den Hinterhof zur Verfügung stellt, solle sich nicht so mit seinen Großtaten brüsten.

Trotzdem ist diese Insel über die Jahrhunderte sozusagen zur ideellen Heimstatt der heimatlosen Armenier in aller Welt geworden. Entstanden ist eine ebenso kostbare wie skurrile Sammlung guter Gaben, Erbschaften und Einlösung von Gelöbnissen.

Berühmt und sehenswert ist die Bibliothek. Hier lagern Zigtausende Bände zur armenischen Geschichte und Kultur. Der größte Schatz der armenischen Mönche sind gut erhaltene Manuskripte, die bis ins 9. Jahrhundert datieren.

Jeden Nachmittag, wenn die *linea 20* die Touristen auf die Insel bringt, führt einer der vielsprachigen, gebildeten und leidenschaftlichen Mönche eine mehr oder weniger große Gruppe durch das Kloster. Erst wird die Kirche besichtigt und der schöne Kreuzgang. Oben dann, im ersten Stock, kleine heimelige Räume und prächtige Säle mit kostbaren, kunstvollen, zum Teil rührenden, zum Teil merkwürdigen Exponaten aus aller Welt: chinesisches Porzellan, eine Mumie, ein Riesengemälde der Niagarafälle. Ein wunderbares Sammelsurium, zu dem der Pater sachkundige und amüsante Erläuterungen gibt. Wer Glück hat, kann einen Blick in die Wirtschaftsräume und Küche erhaschen, blankgewetzter rot-gelber Marmor im Schein der hereinfallenden Nachmittagssonne,

Die Druckerei, die Weltruhm hatte, da hier bis zu Beginn der neunziger Jahre in vielen Sprachen, aber vor allem in verschiedenen Alphabeten von Bleisatz gedruckt wurde, ist inzwischen geschlossen, es gibt keinen Nachwuchs im Kloster, und Fremde zu beschäftigen, ist nicht rentabel. Man kann nur noch die alten Maschinen, die Bleilettern und Plakate, die hier gedruckt wurden, ansehen, im Klosterladen gibt es noch Restauflagen der Bücher.

Im sanften Licht der Abendsonne, den Blick über die ruhige Lagune, wartet man auf den Vaporetto. Auch wenn die Venezianer den Armeniern nur die Insel der Aussätzigen überlassen wollten, bekommen haben diese eine der schonsten Inseln der Welt.

Sommeridylle

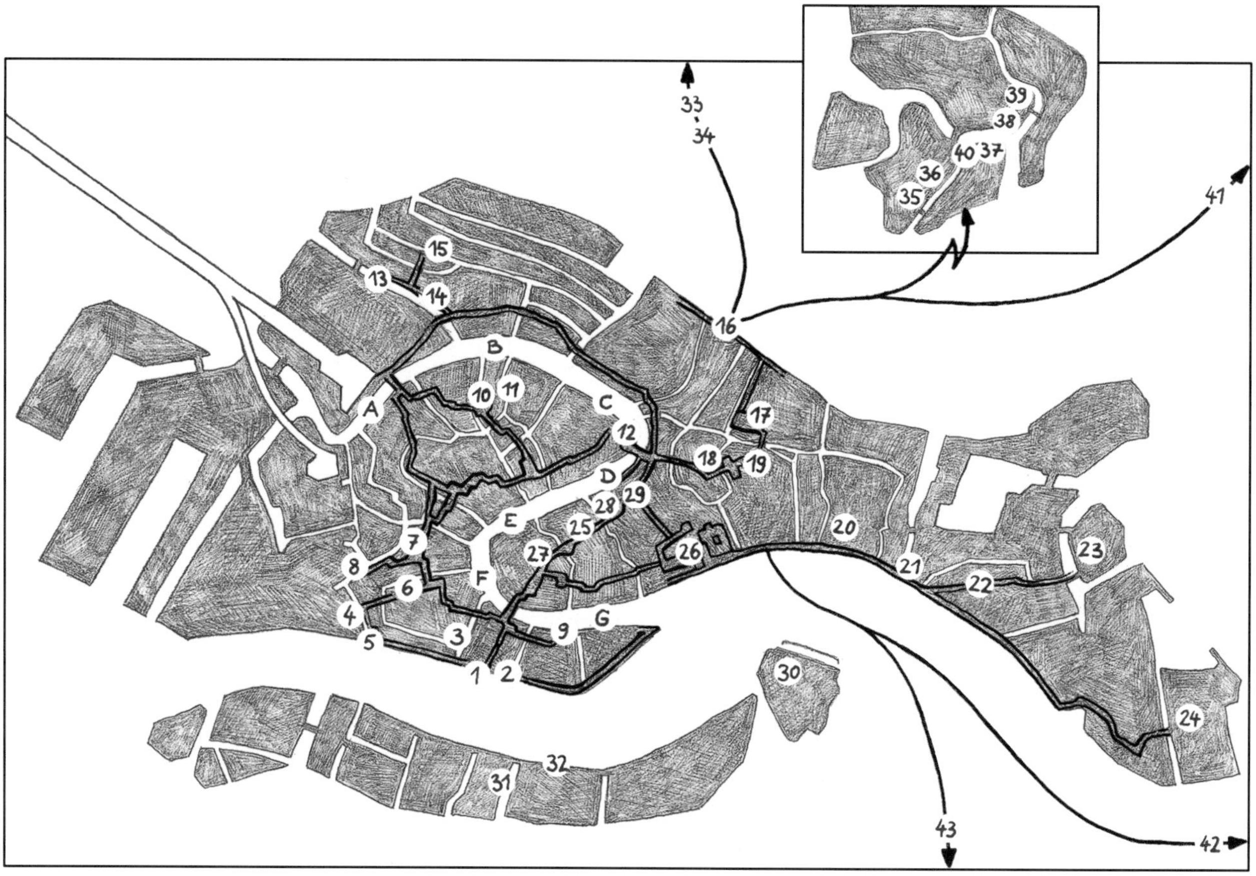

Das Wasser

Bar Al Giubagio	**16**
Gondelwerft San Trovaso	**3**
Museo Navale	**21**

Die Sestieri

Zattere	**1**
Pensione Calcina	**2**
Chiesa di San Sebastiano	**4**
Trattoria San Basilio	**5**
Pasticceria Colussi	**6**
Campo Santa Margherita	**7**
Il Caffè	**7**
Osteria da Còdroma	**8**
Guggenheim Collection	**9**
Campo San Giacomo dell'Orio	**10**
Trattoria Capitan Uncino	**10**
Trattoria alla Zucca	**11**
Rialto-Markt	**12**
Canale di Cannaregio	**13**
Osteria alla Fontana	**14**
Osteria da Bacco	**15**
Campo e Chiesa Zanipolo	**17**
Rosa Salva, Zanipolo	**17**
Rosa Salva, Campo San Luca	**29**
Trattoria alle Testiere	**18**
Mascaròn und Mascareta	**19**
La Residenza	**20**
Via Garibaldi, Bar Mio	**22**
Isola di San Pietro	**23**
Fußballstadion	**24**
Libreria Bertoni	**25**
Caffè Florian	**26**
Campanile San Marco	**26**
Al Volto	**28**
Campanile San Giorgio	**30**
Trattoria L'Altanella	**31**
Chiesa del Redentore	**32**

Die Lagune

Santa Maria Assunta, Torcello	**33**
Locanda Cipriani, Torcello	**33**
Della Maddalena, Mazzorbo	**34**
Consorzio Merletti, Burano	**34**
Barovier & Toso, Murano	**35**
Venini, Murano	**36**
Fratelli Toso, Murano	**37**
Galleria Marina Barovier	**27**
Museo Vetrario, Murano	**38**
Santi Maria e Donato, Murano	**39**
Torre alla Busa, Murano	**40**
Ca' Vignotto, Sant'Erasmo	**41**
Lido	**42**
San Lazzaro	**43**

Anhang

Dieses Buch will keinen Reiseführer ersetzen, die Tips sind eine subjektive Auswahl, eine Anregung, es sich gut gehen zu lassen. Es gibt in Venedig natürlich weit mehr Hotels, Trattorien, Bars und Sehenswürdigkeiten. Für jedes Interessengebiet gibt es weiterführende Literatur, einen Teil stellt dieser Anhang vor. Die Übersichtskarte zeigt die Lage der im Textteil beschriebenen Empfehlungen, auf den folgenden Seiten sind die Adressen thematisch geordnet und ergänzt um weitere nützliche Informationen.

Literatur

Osterie d'Italia
Vereinigung Arcigola Slow Food, Italiens schönste Gasthäuser, München 1998.
Das ist die kulinarische Bibel für jeden, der an der italienischen Regionalküche interessiert ist.

Venezia Osterie & Dintorni
Michela Scibilia, Venedig 1996.
Diesen liebevollen und ausführlichen Führer, der von der Bar über die *bàcari* bis zum Spitzenrestaurant die Lokale beschreibt, die eine Venezianerin für empfehlenswert hält, gibt es in allen Buchhandlungen Venedigs in einer italienischen und einer englisch/französisch/deutschen Version.

Bàcari in Venezia
Manuela Zardo, Jakob Brandis, München 1993.
Ein stimmungsvoller Bildband, der in die Welt der schönsten und besten *bàcari,* der typischen venezianischen Weinkneipen, einführt.

Architekturführer Venedig
Guido Zucconi, Stuttgart 1993
Nach Epochen geordnet wird eine Fülle von Bauwerken kurz und prägnant besprochen, Karten laden zu Rundgängen auf der Spur der unterschiedlichen Baustile.

Carlo Scarpa, An Architectural Guide
Sergio Los, Venedig 1995.
Wegweiser zu den modernen Bauten und Umbauten des wichtigsten venezianischen Architekten dieses Jahrhunderts.

DuMont Kunstreiseführer Venedig
Thomas Droste, Köln, 1991.
Kunst und Kultur nach Stadtvierteln geordnet. Palazzi, Kirchen, Museen. Jedes Detail ist beschrieben.

DuMont visuell, Venedig
Köln, 1993.
Der ausführlichste Reiseführer, doch leider »visuell«, die sachkundigen Informationen sind wegen der unzähligen Illustrationen auf die unterschiedlichsten Textebenen verstreut. Gutes Nachschlagewerk, da es ein ausführliches Register gibt. Vor Ort ähnlich undurchsichtig wie die verwinkelte Stadt selber.

Stadt in der Lagune
Richard Goy, München 1998.
Ausführliche, reich illustrierte Abhandlung über Bauen und Leben in Venedig im Lauf der Jahrhunderte.

Leben und Wohnen in der Lagunenstadt Venedig
Frédéric Vitoux, Köln 1991.
Opulenter Bildband.

Italienisches Glas 1930–1970 Murano, Mailand
Helmut Ricke, Eva Schmitt, München 1996.
Zahlreiche Farbfotos und eine ausführliche Einleitung geben eine Übersicht über die moderne Glaskunst Muranos.

Vetro Veneziano / Venetian Glass 1890–1990
Rosa Barovier Mentasti, Venedig 1992.
Dieser schön gemachte Bildband zeigt die Entwicklung des Glasblasens in Venedig im 20. Jahrhundert.

Die Geschichte Venedigs in Grundzügen
Manfred Hellmann, Darmstadt 1989.

Insel Textbuch Venedig
Frankfurt, 1982.
Literarische Beschreibungen der Stadt, nach Sachthemen geordnet. Von Machiavelli über Goethe bis Günter Kunert.

Casanovas Venedig
Salto, Berlin 1998.
Bibliophiles Casanova-Bändchen.

Allgemeine Adressen

Staatliches Italienisches Fremdenverkehrsamt Enit
– Frankfurt
Telefon 069 23 74 34, Fax 069 23 28 94
Prospektanforderung 0190 79 90 90
– Wien
Telefon 01 50 54 37 40, Fax 01 5 05 02 48
– Zürich
Telefon 01 211 36 33, Fax 01 211 38 58

Azienda di Promozione di Venezia
Telefon 041 529 87 11, Fax 041 523 03 99

Uffici Informazioni
– Palazzetto Selva, Molo di San Marco 71C
Telefon 041 522 63 56 und 041 529 87 30
Fax 041 529 87 30
– Stazione Ferroviaria Santa Lucia (Bahnhof)
Tel. 041 529 87 27, Fax 041 71 90 78
– Flughafen Marco Polo
Tel. 041 541 58 87
– Lido, Viale Santa Maria Elisabetta
Tel. 041 526 57 21, Fax 041 529 87 20

Internet
http://www.portve.interbusiness.it/wetvenice.html
Hotelinformationen und Reservierungen:
http: //www.portve.interbusiness.it/wetvenice/alberghi

Orientierung

In Venedig die Orientierung zu behalten, ist nicht ganz einfach. Die Stadt ist in sechs Stadtteile (*sestiere*) geteilt: Dorsoduro, Santa Croce und San Polo südlich des Canal Grande, Cannaregio, Castello, San Marco nördlich.

In diesen Bezirken sind die Hausnummern fortlaufend durchnumeriert. Eine Adresse besteht aus Sestiere und Nummer. Straßenangaben sind nicht verbindlich, da die gleichen Ortsbezeichnungen in mehreren Sestieri vorkommen können. In Venedig kann man einen Atlas kaufen, der die Lage jeder Hausnummer festhält. Normalerweise ist ein Stadtplan ausreichend. Viele Stadtpläne gehen, sowohl was Zeichnung und Bezeichnung angeht, sehr lieblos mit der verwinkelten Topografie Venedigs um. Zuverlässig ist

Venezia, Pianta di Città 1:5000, Studio F.M.B., Bologna
Die *piantina F.M.B*, wie dieser Plan genannt wird, gibt es an allen Zeitungskiosken der Stadt und im Buchhandel.

Hotels

Soweit nicht etwas anderes angegeben ist, sind diese Empfehlungen Dreisterne-Hotels, also gehobene Mittelklasse, Doppelzimmer mit Dusche um oder deutlich über 200 000 Lire. Je nachdem, wann die letzte Renovierung war, ist der sanitäre Komfort sehr gut bis ordentlich. In der Regel sind die Zimmer eher klein, häufig auch nicht sehr hell. Vielfach mit Stilmöbeln und Muranolüstern eingerichtet, genügen sie nicht den Ansprüchen eines Designpapstes, sind aber häufig gemütlich. Nicht nur für die genannten Hotels gilt, daß es sehr schöne, zum Teil begeisternde Zimmer gibt, mit Blick auf einen Kanal oder einen Campo, und direkt gegenüber auf dem gleichen Flur eher enttäuschende Räume mit Blick in enge Gassen oder Innenhöfe. Insofern lohnt es sich, nach den Zimmern mit Sicht, *con vista*, zu fragen und nach Möglichkeit die oberen, hellen Stockwerke zu bevorzugen. Schöne Häuser und deren beste Zimmer sind vielfach lange voraus ausgebucht. Ende November und Anfang Dezember hat man die freie Auswahl, sogar über den Preis kann man reden. Die ersten vier hier genannten Adressen sind im Textteil ausführlich beschrieben, ihre Lage im Plan ersichtlich.

Pensione Calcina
Zattere ai Gesuati, Dorsoduro 780
Telefon 041 520 64 66, Fax 041 522 70 45

La Residenza
Campo Bandiera e Moro, Castello 3608
Telefon 041 528 53 15, Fax 041 523 88 59

Locanda Cipriani
Piazza Santa Fosca 29, Torcello
Telefon 041 73 01 50, Fax 041 73 54 33

Azienda Agrituristica Le Garzette
Lungomare Alberoni 32, Lido
Telefon 041 73 10 78
Lagunenbauernhof mit Gästezimmern

Pensione Accademia – Villa Maravegie
Fondamenta Bollani, Dorsoduro 1058
Telefon 041 521 01 88, Fax 041 523 91 52
Villa aus dem 17. Jahrhundert, schöner Garten.

Das Dorsoduro ist ein besonders angenehmes Sestiere, Studentenviertel, mit vielen Bars zum Frühstücken.

Hotel American
San Vio, Dorsoduro 628
Telefon 041 520 47 33, Fax 041 520 40 48.
Große Balkonzimmer zum ruhigen, malerischen Rio San Vio. Nah zum Zattere, etwas abgelegen vom lebhaften Dorsoduro.

Hotel Marin
San Simion Piccolo, Santa Croce 670/B
Telefon 041 71 80 22, Fax 041 71 80 22
Ein familiäres hübsches Einstern-Hotel. Helle Zimmern mit Blick auf einen kleinen Campo. Nah zum Bahnhof, jedoch auf der ruhigen Seite im Wohnviertel Santa Croce.

Locanda Montin
Fondamenta di Borgo, Dorsoduro 1147
Telefon 041 522 71 51, Fax 041 520 02 55
Preiswerte Pensionszimmer über dem gleichnamigen Restaurant am ruhigen Rio delle Eremite. Inmitten der Gärten des Dorsoduro. Schön die mit Glyzinien überwachsene Pergola.

Hotel Paganelli
Riva degli Schiavoni, Castello 4182
Telefon 041 520 05 33, Fax 041 522 50 32
Einige geräumige und sonnige Zimmer mit schönem Blick in das Bacino di San Marco. Allerdings, wie bei allen spektakulären Adressen an den großen Kanälen, darf einen das Bootstuckern nicht stören.

Hotel San Cassiano – Ca' Favretto
Calle della Rosa, Santa Croce 2232
Telefon 041 524 17 68, Fax 041 72 10 33
Palazzo am Canal Grande schräg gegenüber von Ca' d'Oro. Gemütliche Zimmer mit schönen Möbeln und Teppichen. Wer die wunderbare Sicht auf den Canal genießen will, muß den Geräuschpegel hinnehmen.

Hotel Santo Stefano
Campo Santo Stefano / Francesco Morosini, San Marco 2957
Ein handtuchschmales Hotel mit kleinen, hellen Zimmern auf den schönen, sonnigen Campo. Einige Stühle und Tische laden zum Sitzen und Schauen ein. Eine sympathische Adresse in San Marco am Rande des touristischen Trubels, über die nahegelegene Accademiabrücke ist man schnell im Dorsoduro.

Albergo San Zulian
San Marco 534/535
Telefon 041 522 58 72, Fax 041 523 22 65
Angenehm eingerichtetes Hotel in einer unspektakulären Ecke Richtung Castello. Die Zimmer werden umso heller je weiter oben sie liegen. Direkt unterm Dach haben sie eine Balkendecke und schöne Sicht über die Dächer .

Ferienwohnungen

Wer nicht nur für ein verlängertes Wochenende kommt, hat in jeder Hinsicht mehr Freude mit einer Wohnung. Da Venedig die Stadt der Zweitwohnsitze ist, gibt es hier durchaus ein Angebot. In den Reiseteilen der großen deutschsprachigen Tages- und Wochenzeitungen werden immer wieder Wohnungen inseriert, wobei allerdings mancher deutsche Vermieter absurde Vorstellungen hat, was den Preis betrifft. Sie behaupten, unter 400 000 bis 500 000 Lire sei in Venedig kein anständiges Doppelzimmer zu bekommen, und wollen so Preise von über 100 000 Lire pro Person für heruntergekommene Wohnungen rechtfertigen. Venedig ist zwar kein billiges Pflaster, aber das Anmieten einer Wohnung sollte pro Person eher etwas billiger kommen als ein vom Komfort her entsprechendes Hotel. Es ist sinnvoll, Fotos und eine detaillierte Beschreibung der Ausstattung und Größe vom Vermieter anzufordern und eine klare Regelung für die Zusatzkosten, Reinigung, Strom, Heizung usw. zu treffen.Wohnungen in jeder Ausstattung und Größe vermittelt

Alloggi Temporanei
Mitwohnzentrale Venezia
Helga Anna Gross
Campo del Teatro Malibran, Cannaregio 5882A
Telefon 041 523 16 72, Fax 041 520 88 18

Bars und Cafés

Hier finden sich neben den bereits im Textteil empfohlenen und auf der Karte eingetragenen Adressen noch einige zusätzliche Tips, nach Sestieri geordnet. Ruhetage sind, soweit angegeben, mit Vorsicht zu genießen, da diese in Venedig allgemein sehr unzuverlässig eingehalten werden. Es läßt sich nicht sagen, wann man vor verschlossenen Türen steht. Vielfach geschlossen ist im Hochsommer und zwischen Weihnachten und Karneval.

Gelateria Nico
Zattere ai Gesuati, Dorsoduro 922

Il Caffè
Campo Santa Magherita, Dorsoduro 2963
Täglich außer Sonntag von 10 bis 23 Uhr

Gelateria Causin
Campo Santa Margherita, Dorsoduro 2996

Bar Pontini
Fondamenta Pescaria, Cannaregio

Al Giubagiò
Fondamenta Nuove, Cannaregio 5039

Rosa Salva
Campo Santi Giovanni e Paolo, Castello
Campo San Luca, San Marco 4589

Bar Mio
Via Garibaldi, Castello 1820

Caffè Florian
Piazza San Marco, San Marco 56 – 59

Paolin
Campo Santo Stefano / Francesco Morosini, San Marco 2962

Bàcari, Trattorie und Restaurants

Die Übergänge sind fließend, der *bàcaro*, der typische venezianische Weinausschank, in dem es immer Kleinigkeiten, *cichetti,* zu essen gibt, tischt manchmal auch köstliches warmes Essen auf. Manche *trattoria,* wie im Italienischen die bodenständige Gastwirtschaft bezeichnet wird, ist am Tresen Treffpunkt für die ganze Nachbarschaft. Einige *bàcari* haben ein so ausgesuchtes und reichhaltiges Weinangebot, daß sie die Bezeichnung *enoteca* verdienen. Allen gemeinsam ist, daß sie in der Regel mittags und abends geöffnet haben, am Nachmittag jedoch geschlossen sind. Die *bàcari* machen häufig schon gegen 10 Uhr am Vormittag auf und ihre zweite Schicht beginnt zwischen 17 und 18 Uhr. Was Ruhetage angeht, so können die hier gemachten Angaben zwar als Anhaltspunkt dienen, oft ist aber an zusätzlichen Tagen geschlossen, manchmal einfach an anderen. Geschlossen ist häufig im August und im Januar. Will man richtig essen, so ist es angeraten, zu reservieren. Soweit nicht anders angegeben, bewegen sich alle Tips im mittleren Preisniveau.

Trattoria San Basilio
Calle del Vento, Dorsoduro 1516
Telefon 041 521 00 28
Sonntag geschlossen, Tische im Freien

Cantina del Vino Schiavi
Fondamenta Meravegie, Dorsoduro 999
Weinverkauf- und Ausschank, *cichetti* im Stehen.

Osteria da Codroma
Ponte del Soccorso, Dorsoduro 2540
Telefon 041 52041 61
Täglich außer Donnerstag, bis 1 Uhr nachts.
Wein und Kleinigkeiten. Lesungen und Konzerte.
Treffpunkt für Schach- und Backgammonspieler

L'Incontro
Rio Terrà Canal, Dorsoduro 3062
Telefon 041 522 24 04
Montag geschlossen. Tische im Freien.
Sardisches Restaurant, die besten Ravioli Venedigs, *culingiones*, gefüllt mit Ricotta, Pecorino und Orangenschalen. Ansonsten auf Fleisch spezialisiert.

Trattoria Capitan Uncino
Campo San Giacomo dell'Orio, Santa Croce 1501
Telefon 041 72 19 01
Mittwoch geschlossen. Mit einer schönen Pergola im Freien.

Trattoria alla Zucca
Ponte del Megio, Santa Croce 1762
Sonntag geschlossen. Tische im Freien.

Alla Fontana
Fondamenta Cannaregio, Cannaregio 1102
Telefon 041 71 50 77
Sonntagabend und Montag geschlossen.
Bàcaro mit Tischen direkt am Kanal.

Trattoria al Bacco
Fondamenta Cappuccine, Cannaregio 3054
Telefon 041 71 74 93
Montag geschlossen.

Da Alberto
Calle Giacinto Gallina, Cannaregio 5401
Telefon 041 523 81 53
Sonntag geschlossen
Bàcaro mit warmer Küche. Zum Essen unbedingt vorbestellen.

Osteria alle Testiere
Calle del Mondo Novo, Castello 5801
Telefon 041 522 72 20
Sonntag geschlossen.
Osteria con cucina. Das ist bewußt untertrieben. Eines der besten Fischrestaurants Venedigs mit moderaten Preisen.

Mascareta und Mascaron
Callelunga Santa Maria Formosa
Castello 5183 und 5225
Telefon 041 523 07 44 und 041 522 59 95
Das Mascareta ist der *bàcaro* bzw. die *enoteca,* geöffnet bis um 0.30 Uhr. Das Mascaron ist eine Trattoria mit warmem Essen.

Al Covo
Campiello di Pescheria, Castello 3968
Telefon 041 522 38 12
Mittwoch und Donnerstag geschlossen. Tische im Freien.
Es gibt in Venedig viele teure Restaurants, in denen man für ein komplettes Menü ohne Wein 100 000 Lire und mehr pro Person lassen kann. Will man sich diesen Luxus leisten, so ist das behagliche Al Covo mit seiner Spitzenküche die Adresse der Wahl.

Al Volto
Calle Cavalli, San Marco 4081
Telefon 041 522 89 45
Sonntag geschlossen.
Sehr gutes *bàcaro* mit *enoteca*.

Vini da Gigio
Calle de la Stua, Cannaregio 3628
Telefon 041 528 51 40
Sonntagabend und Montag geschlossen.
Traditionsbewußte und abwechslungsreiche Küche, nicht nur Fisch, sondern auch Braten und Wildgeflügel. Gute Weine.

L'Altanella
Calle delle Erbe, Giudecca 268
Telefon 041 522 77 80
Montag und Dienstag geschlossen. Tische auf einer Veranda an einem Kanal.
Gute venezianische Küche.

Trattoria Torre alla Busa
Campo Santo Stefano 3, Murano
Telefon 041 73 96 62
Montag geschlossen. Nur Mittagessen. Tische im Freien.
Lagunengemüse und leichte Fischküche. Täglich wechselnde Karte.

Antica Trattoria alla Maddalena
Mazzorbo 7 A
Telefon 041 73 01 51
Donnerstag geschlossen. Garten und Pergola, mit Blick auf einen Kanal.
Fisch, Gemüse und Wildente.

Locanda Cipriani
Piazza Santa Fosca 29, Torcello
Telefon 041 73 01 50
Dienstag geschlossen. Traumhafter Garten.
Die venezianische Küche wird hier verfeinert, was nicht unbedingt von Vorteil ist. Es gibt sicherlich Highlights wie die *risotti*, alles ist gut, aber es fehlt ein wenig die kreative Hand. Der *bellini* ist unübertroffen, und die Weinkarte macht großen Spaß. Der Garten ist so überzeugend, daß hier zu essen für den, der sich um die 100 000 Lire pro Person und je nach Wein auch mehr leisten will, ein großer Genuß ist.

Trattoria Al Ponte del Diavolo
Via Borgognoni 10, Torcello
Telefon 041 73 04 01
Donnerstag geschlossen. Nur Mittagessen, von Juni bis September samstags auch Abendessen. Großer Garten.
Die bodenständige Variante auf Torcello – typische Inselküche. Fisch und Wildgeflügel und frisches Gemüse. Am Wochenende ein beliebtes Ausflugsziel der venezianischen Familien.

Azienda Agrituristica Le Garzette
Lungomare Alberoni 32, Lido
Telefon 041 73 10 78
Unter der Woche nur Abendessen, am Wochenende auch Mittagessen. Garten.
Fisch und Gemüse aus eigenem Anbau.

Ca' Vignotto
Sant'Erasmo
Telefon 041 528 53 29
Nur am Wochenende und auf Vorbestellung. Terrasse.
Geflügel, Wein und Gemüse aus eigenem Anbau, dazu einfachen Fisch. Es wird immer ein köstliches, üppiges Menü bereitet und auf großen Platten aufgetragen.

Gondole traghetto

Ferrovia
Richtung Piazzale Roma, werktags 7.45 – 13.45, sonn- und feiertags 8.45 – 13.30 Uhr.

San Marcuola
Hinter Rio Terra San Leonardo, werktags 7.30 bis 13.30 Uhr.

Santa Sofia
Abzweigend am Ende der Strada Nova, werktags 7 – 20.55 Uhr, sonn- und feiertags 7.30 – 18.55 Uhr.

Al Carbon
Abzweigend vom Campo San Luca, werktags 8 bis 14 Uhr.

San Tomà
Hinter dem Campo San Tomà, werktags 7 – 20.55, sonn- und feiertags 8 – 19.55 Uhr.

San Samuele
Hinter dem Campo San Barnaba, werktags 7.40 bis 13.15 Uhr.

Santa Maria del Giglio
Abzweigend vom Campo Santa Maria Zobenigo, täglich 8 – 19 Uhr, November – Februar 8 – 18 Uhr.

Buchhandlungen

Goldoni
Calle dei Fabbri, San Marco 4742

Libreria Sansovino
Bacino Orseolo, San Marco 84

Fantoni Libri & Arte
Salizzada San Luca, San Marco 4121

Filippi & Filippi
Calle del Paradis, Castello 5763

Arsenale Punto Libri
Calle dei Vinanti, Santa Croce 29 und Museo Civico Correr, Piazza San Marco, San Marco 52

Toletta
Sacca de la Toletta, Dorsoduro1214

Bertoni
Terra di Mandola, San Marco 3637 B

Glas

Barovier & Toso
Fondamenta Vetrai 28, Murano
Telefon 041 73 90 49
Geöffnet 10 – 11 und 14 – 15 Uhr, telefonische Anmeldung empfehlenswert.

Venini
Fondamenta Vetrai 47, Murano

Vetreria Archimede Seguso
Fondamenta Vetrai 138

Fratelli Toso
Fondamenta Colleoni 7, Murano

Marina Barovier
Salizzada San Samuele, San Marco 3216
Wechselnde Ausstellungen zeitgenössischer Glaskünstler.

Gut zu wissen

Brussa Trasporti S.A.S.
Cannaregio 331
Telefon 041 71 57 87, Fax 041 72 05 50
Bootsverleih.

Bar Brunato
Giudecca 37
Telefon 041 522 95 80
Tischvermietung bzw. Reservierung für das Redentorefest. Im voraus zu bezahlen.

Cooperativa Limos
Via Seismit Doda 25, Venezia Marghera
Telefon 041 93 20 03, Fax 041 538 12 25
Geführte Bootsexkursionen durch die Lagune. Schwerpunkt auf Flora und Fauna.

Hallenbad Rari Nantes
Sacca San Biagio (Sacca Fisola)
Telefon 041 528 54 30
Modernes Bad, für die Öffentlichkeit täglich 1 bis 2 Stunden zugänglich. Öffnungszeiten telefonisch erfragen.

Venezia La Festa
Live at Piazza San Marco, featuring the ensembles of Gran Caffè Florian, Lavena, Quadri.
Compact Disc. Classic edition Winter & Winter 910 007-2